포기와 선택의 생활미학

평탄한 사회·생활의 새로운 만족

생활만족제안

포기와 선택의 생활미학

평탄한 사회·생활의 새로운 만족

하쿠호도 생활종합연구소 저
제일기획 마케팅연구소 편역

연암사

추천의 말씀

　작년 3월 한국에 도착했을 때의 느낌은 한마디로 놀라움이 었습니다. 우선, 사람들의 표정이 밝고 활력에 넘쳤습니다. 여성들은 전반적으로 스타일이 좋았고, 메이크업이나 패션감각도 훌륭했습니다. 10년 전과 20년 전에도 한국을 방문한 적이 있었는데, 어떻게 갑자기 이렇게 많이 변할 수 있는지 이해가 되지 않을 정도였습니다. 그 정도로　한국의 경제성장에는 힘과 스피드, 보다 정확히 말하면 변화에 대응할 수 있는　힘이 있었던 것 같습니다.

　롯데백화점 본점 맞은 편의 제 사무실에서 내려다 보면, 경적소리와 동시에 크고 작은 자동차의 물결이 흐릅니다. 동경에 아무리 자동차가 많다고 해도 이 만큼은 못될 것입니다. 사무실 안에서는 PC 키보드를 두드리는 소리만이 조용하게 들리는데, 사람들이 사용하고 있는 정보기기의 보급속도도 동경을 초월하는 듯합니다.

　거리에 나가보면, 백화점, 영화관, 노래방 등이 성행하고 있고, 볼링이나 당구를 즐기는 사람들의 수가 많음에 놀랍니다. 근대적인 고층 빌딩사이로 단층의 식당들이 양립하여 사람들로 붐비고 있는 모습에서, 20년 전의 것과 초현대적인 것이 절묘하게 조화를 이루고 있다는 인상을 받습니다. 동경에는 많으나 서울거리에 상대적으로 그 수가 적은 것은 접객업(섹스 관련산업)과 빠징코 정도라고 할까요?

　한국은 가족간의 유대가 세계에서 가장 강할지도 모릅니다. 남녀 사이도 좋습니다. 일요일에는 교회에 가는 가족도 많습니다. 한강시민공원에 가보면 화단에 만발한 꽃 사이를 남녀 커플이 손을 잡고 산책을 하기도 하고, 가족이 잔디 위에 앉아 즐거운 모습으로 도시락을 먹기도 하고, 어린아이들이 연을 날리거나 공놀이, 베드민턴등을 하는 모습을 쉽게 볼 수 있습니다. 그 모습은 참으로 '평화' 그 자체로, 남북한이 긴장 관계 속에 있다는 것이 오히려 어색할 정도입니다.

그러나, '이긴다(勝)'는 것에는 큰 집착을 갖고 있어 출세는 물론이고, 스포츠에 있어서도 축구, 배구, 유도 그리고 바둑까지 그 승부욕은 대단합니다. 일본의 경우, 아주 오래 전에 전부 잊어버린 '근성'을 지금도 한편으로는 그대로 가지고 있는 듯합니다.

일본은 거품경제가 끝나고 나서의 5년간 성장의 한계를 드러내어 그 이후 제자리 걸음을 계속하고 있습니다. 생활수준을 낮추고 싶지는 않으나, 경제적인 여유가 없습니다. 자신을 잃어가는 사람들도 나타나기 시작했습니다. 'NHK방송문화연구소'가 최근 발표한 '국민생활 시간조사'에 따르면 1인당 TV시청시간이 평균적으로 5년전과 비교해서 30분 이상씩 증가했는데, 지금까지 시간조사를 한 것 중에서도 가장 길다고 합니다. 시간 외 근무의 감소로 임금이 줄어 들고, 또 지출억제를 위해 귀가에 바쁜 비지니스맨의 모습을 상상할 수 있겠지요.

시스템과 합리성의 추구, 채산과 이익의 중시를 외치는 현실 가운데에서 심신이 지쳐버린 사람들이 집에서 TV라도 보자는 생각으로 '개인의 시간(게다가, 돈도 들지 않는)'을 찾는 것이 아닐까요?

동경의 경우, 인간관계의 친밀도가 해마다 낮아지고 있습니다. 대학생들 중에는 '동아리 활동을 하면서 깊은 이야기를 나눌 친구가 없다'는 탄식을 세 명 중 두 명 꼴로 하고 있어, 대화가 없는 날들을 보내고 있음을 절감하게 합니다. 학생과 교수가 세미나를 할 때도 '이렇게 하면 어떨까?' 하는 교수의 충고에 곧 사기가 떨어지고 자책하는 학생이 늘고 있으며, 소수의 인원이 모여 진행되는 세미나를 해도 전혀 발언을 하지 않아 침묵강의로 괴로워 하는 교수도 있다고 합니다.

일본의 사회는 '대화가 빠져 버린 사회'로 나아가고 있는 것일까요? (株)博報堂 生活總合硏究所 가 작년 11월 수도권에서 실시한 '무언(無言)소비에 관한 의식조사'에 따르면 자동판매기와 편의점, 통신판매 등에 의해 말을 하지 않고 물건을 사고 싶다는 사람이 56.4%나 되었습니다. 무언에서 느껴지는 '무력감'과 '서로 친밀해지고 싶어하는 갈망'이 서로 표리관계에 있다고 볼 수 있습니다. 이런 가운데에서 신흥종교사건 등이 생기기도 했지요.

그러나, 역으로 한국은 경제와 문화가 한층 무르익고 있으며, 맹렬한 기세로 선진국을 추격하고 있는 중입니다. 최근 한국 내의 변화 중 3가지에 주목하고 싶습니다.

첫번째는 작년에 '1인당 GNP'가 처음으로 1만 달러(10,076 달러)를 돌파했다는 점입니다. 경제 생활수준에 있어서 새로운 국면에 돌입했음이 확실하다고 말할 수 있습니다. 한국개발연구원(KDI)의 보고에 의하면, 2020년에는 1인당 GNP 순위가 일본, 독일, 프랑스, 미국, 이탈리아, 영국, 한국의 순으로, 한국이 7위로 부상할 것이라고 합니다.

두번째는 금년말로 예정되어 있는 '경제협력 개발기구(OECD)의 가입'을 통한 경제의 국제화입니다. 재정경제원의 '외국인 투자업종 개방확대계획'에 따르면, 지금까지의 계획을 수정해서 외국인 투자개방을 앞당긴다고 합니다. 해외문화의 유입이 늘어남과 동시에 외국기업과의 경쟁은 피할 수 없는 상황이 될 것입니다.

세번째는 '여성시대'의 본격적 도래입니다. 노동부가 발표한 '50대 기업의 대졸자 채용현황'에 의하면, 작년 대졸 신입사원 중 여성이 11.3%에 달하고 있습니다. 사상 처음으로 10%대를 돌파했다고 합니다. 여성의 고학력 경향은 사회적인 발언력이나 라이프스타일에 많은 영향을 미치면서 새로운 양상을 보일 것입니다.

이 세 가지 경향에 의해 96년도 이후의 한국은 'Quality Life- style 시대'로 돌입하게 될 것으로 보입니다. 처음에 나타나는 변화는 너무 작기 때문에 그냥 스쳐버리는 것이 많을 것입니다. 주의를 기울여 조금씩 가설을 세워 보지 않으면 포착하기 어려울 것입니다. 이것을 검증하기 위해 우리들은 종종 시장조사를 실시하는 것이지만, 초기의 트렌드 변화는 쉽게 이 망에 걸려들지 않습니다. (株)博報堂 生活總合硏究所에는 이런 일을 하는 분석전문가가 있어서 1981년부터 보고서를 발행하고 있습니다.

'무경계화현상'(無境界化現象)(1984), '윤기있는 시대로'(1988), '헬로우 오픈피플'(1994) 등은 일본에서 신문기사로 자주 등장했던 생활예언 보고서들로서, 주로 정기적인 거리관찰을 통한 트렌드추적 및 가설검증에 의해 씌여진 것들입니다. 변화트렌드의 확신을 갖기 위해 독자적인 생활취재 네트워크나 안테나 역할을 담당하는 사람, 또는 각 분야별 전문가도 확보해 두지만, 처음 가설을 세울 때는 담당자의 감각에 의한 것이 많습니다.

때로는 수백개의 가설 중에서 확신이 있는 것을 선택하고, 키워드로 정합니다. 다이아몬드를 채굴하는 작업과 같은 것이지요. 키워드는 이중의미를 갖고 있는 것이 많은데, 제작출신의 關澤英彦소장의 개성에 의한 부분도 있다고 생각합니다. 일본어에 관심이 있는 독자는 타이틀(키워드)의 이중의미를 음미해 보는 것도 재미있을 것입니다.

'트렌드'라는 것은 즐거운 것입니다. 특히, 젊은 사람들은 새로운 라이프스타일의 변화에 호기심을 가지고 도전합니다. 일시적으로 '베르가(ベルガ)'(아라비아의 벨리댄스에서 착안)라는 조어가 생긴 적이 있었습니다. 배꼽을 내놓고 거리를 다니는 여성들을 의미하는데, 왜 갑자기 배꼽을 내놓고 돌아다니는 것일까하는 탐구는 마케터나 광고제작자에게 큰 흥미거리입니다. 이렇게 드러나는 현상 기저에 깔린 소비자 심리를

읽어내는 생활예언 보고서들은 신제품개발이나 광고제작에
있어 좋은 아이디어를 주므로, 1995년 세계 제4위의 광고대행
사인 博報堂에서는 광고프리젠테이션을 할 때 때때로 발상의
기초로 활용하고 있습니다. 한국과 일본은 가장 근거리의 국
가이고, 과거의 역사인식이야 어찌됐든, 국제적 시각에서 보
면 가까운 나라입니다. 양국 모두 서양문물을 동양사상, 동양
문화 안으로 융합·조화시켜 급속하게 근대화를 꾀했습니다.
이런 면에서 트렌드변화도 시간차는 있을지언정 비슷한 부분
이 많을 것이라고 생각합니다.

　(株)博報堂 生活總合研究所에서는 1996년의 생활예언으로
써 「凸(돌출)한다-평탄한 사회의 신만족」을 발표했습니다. 이
것은 작년 12월 25일에 생활예언 15호로써 출판된 것입니다.
국가적 차원에서 성장을 기대할 수 없는 현재라면, 개인의 생
활도 그 수준을 확대하지 않는 것을 전제로 하는 생활로 변
하지 않을 수 없습니다. 결국 생활속의 부분적 돌출(凸)과 함
몰(凹)의 밀고 당김을 잘 조절해야 한다는 결론이 나옵니다.
생활의 여러 측면에 나타나는 이 '凹(함몰)의 결단과 凸(돌
출)의 만족' 현상을 38가지 키워드에 따라 시나리오를 써보았
습니다.

　그렇다면 지금의 한국은 어떨까요? 제일기획 마케팅연구소
에서는 이 '凸(돌출)한다'의 키워드를 참고로 한국적 상황에
맞게 황 인호씨와 권 성은씨가 그들 나름의 독특한 센스로
코멘트를 붙였습니다. 살아있는 문장과 리얼리티가 들어 있어

실로 한국의 미래가 보이는 듯하지 않습니까?

　금년 초에 황 인호씨가 "이 책을 출판해 보고 싶습니다."하고 말을 해 왔던 때가 어제의 일만 같습니다. 이렇게 의욕이 넘치는 젊은이들과 함께 일할 수 있다는 것에 행복을 느낍니다.

　한국의 광고업계, 마케팅업계의 무한한 발전과 새로운 한일 우호의 일보전진을 기대합니다. 이 책이 업계관계자 뿐만 아니라, 일반독자들에게도 신생활에 참고가 되기를 기원하며 일독하시길 추천합니다.

　마지막으로, 이 책의 번역 및 출판을 흔쾌히 허락해 주신 (株)博報堂生活總合硏究所의 關澤英彦소장, (주)제일기획의 오증근전무, 유광준 이사, 김덕영 국장, 김원균 부장, 연암사의 권세문 실장을 비롯해 많은 도움을 주신 한일 양국의 여러 분들께 깊은 감사를 드립니다.

1996. 7.
(주) 제일기획
顧問 井口晴弘

차 례

글 머리에

　　사회나 가정이나 성장곡선을 그리는 것이 상식이었던 지금까지의 일본. 「내일은 오늘보다 생활이 나아진다」는 전제 속에 모든 것이 진행되어 왔다. 파이(Pie)가 부풀어 오르는 것이야 당연한 일이고, 그것보다는 그 부푼 파이의 배분이 정치경제의 더 중요한 관심의 초점이었다(경제를 다룰 때 흔히 전체시장을 파이에 종종 비유한다. 시장이 커지면 파이도 커지고 각 제품들의 점유율도 비례적으로 늘어난다). 일반 소비생활 측면에서도 일상생활에 다소 불만이 있더라도 사회 전체가 성장하면 저절로 불만은 해소된다는 메카니즘이 작용하고 있었다. 그러나 지금은 그러한 상식이 바뀌고 있다.

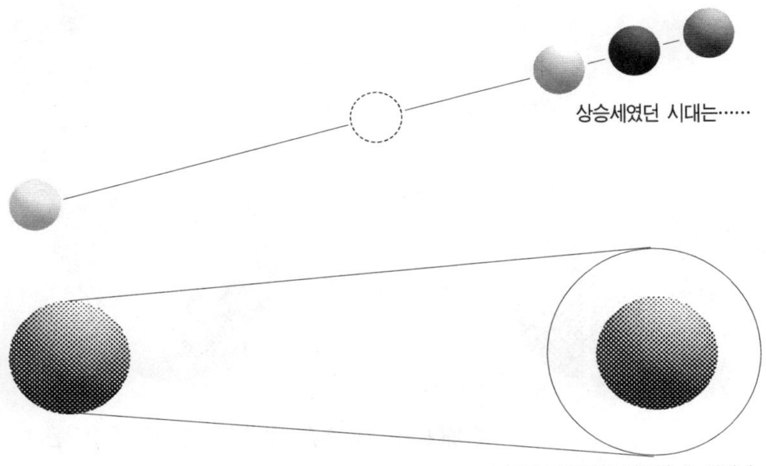

　　성장세였던 사회에서 현상유지 사회로(거품경제후의 일본사회를 경제성장이 둔화된 평탄사회로 규정한다).「경제의 파이가 일정」한 시대이다. 「내일은 오늘보다 생활이 나아진다」, 이것이 전제가 될 수 없는 지금의 일본. 이제 매년 모든 방향으로 생활을 향상시킬 수 없게 되었다. 그렇다면 현상유지나 할 뿐 좀처럼 나아지지는 않는 생활을 그저 묵묵히 참아내 볼 수도 있겠지만, 그래서는 사람들이 만족할 수 없다. 지금의 생활수준을 유지한다고 해도 삶의 질이 점점 낮아지는 듯한 느낌은 지울 수 없을 것이다. 이는 많은 사람들이 참을 수 없는 상황이다.

평탄한 현상유지 사회에서는 ……

함몰(포기)해서 돌출(선택)한다는 상황이 요구된다.

　　포기할 것은 대담하게 포기한다. 그리고 자신이 선택한 영역은 과감히 발전시킨다. 소위「함몰-포기(凹化)」함으로써 「돌출-선택(凸化)」하는 것이야말로 평탄한 현상유지 사회에서 새로운 만족을 획득하는 방법이다.

　　사회나 가정이나 전면 향상은 포기할 수밖에 없다. 물론 점점 삶의 질이 낮아지는 것도 내키지 않는 일이다. 따라서 미래지향적으로 버릴 것은 버리고 적극적으로 발전시킬 것은 발전시킨다. 즉 부분확대라는 방향이 앞으로의 테마다.

　　여기서 한가지 의문점이 생긴다. 포기하거나 버리는 일은 우리에게 과연 슬프거나 괴로운 일이기만할까? 절대로 그렇지 않다. 이것이 포인트다. 왜냐하면 성장세라는 기분이 들지 않는 평탄한 현상유지 사회에서도 자기만족(자기다움)을 추구하는 조류는 장기적으로 계속될 것이기 때문이다. 즉 파이가 부풀지 않는 가운데 어떻게 하면 「자기만족을 이루며 살 수 있겠는가?」라는 문제가 등장한다고 할 수 있다.

　이를 위해서는 상황에 끌려다니지 말고 「스스로 선택한다」는 자세를 취해야 한다.　다시 말하자면 자기 생활의 모든 것을 전체적인 시야에 넣어 보고, 그 속에서 몇가지 지향점을 취사선택해야 한다는 것이다.

　포기할 부분과 발전시킬 부분을 스스로 결정한다는 것은 미래지향적이며 기운도 나는 일이다.　오른쪽 그림을 보자. 지금 약 70%의 사람들은 욕구를 실현시키기 위해 무엇인가를 포기해야 한다고 생각하고 있다.　어려운 상황 속에서 욕구 그 자체를 전부 포기해 버리는 소극적인 사람들은 아주 소수에 불과하다. 즉 삭제하거나 버린다는 「凹의 결단」이 자신의 욕구를 실현하는 「凸의 만족」을 창조해 낸다고 할 수 있다.

　평탄한 현상유지 사회에서는 자신의 욕구를 실현하기 위해 생활의 어느 한 부분을 포기하지 않으면 안된다.　이를 과감히 진행하여 어느 부분의 돌출을 이끌어냄으로써 만족을 불러오게 된다.

凹의 결단·凸의 만족

1996년 이후는 이러한 적극적인 행동을 취하는 사람들이
늘어난다고 예측할 수 있다.

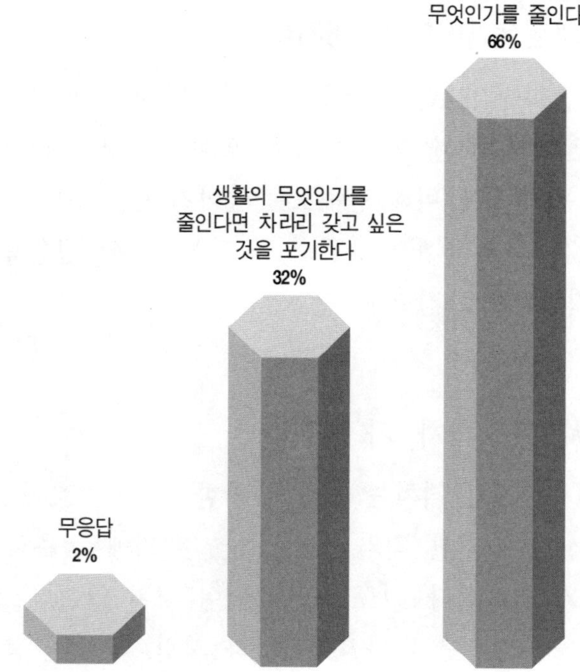

(생활종합연구소 조사, 1995년 9월, 수도권 남녀 18세~69세 · 349명)

凹의 결단·凸의 만족

1.「새로운 만족」이 생긴다

돌출화(凸化)란 생활을 자신의 가치관에 따라 주관적으로 언밸런스하게 만드는 것을 말한다. 당연히 현상을 유지하는 생활에 비해 만족도는 높아진다. 자기선택에 의한 돌출감은 「유쾌한 언밸런스」를 만듦으로써 생활을 기분좋은 긴장감으로 감싸준다.

2.「새로운 격차」가 생긴다

지금까지의 격차는 자산에 의한 격차, 정보에 의한 격차, 사람에 의한 격차 등이었다. 여기에 돌출화에 의한 격차가 더해진다. 「포기할 결단이 서지 않는다」「무엇인가를 창조할 수 없다」는 기업과 사람, 국가는 점점 힘을 잃게 된다.

　　국가 전체가 「凹의 결단·凸의 만족」을 추구해야 할 시점이다.　원만하게 전면 향상할 수 없는 오늘날, 「어떻게 살아가는가?」가 개인과 기업, 국가의 동향을 좌우한다.

3. 「생활의 정보발신력」이 높아진다

　　생활의 무엇을 포기할지(凹化) 결정하는데에는 일상생활에 대한 「정보검색」이 필요하다.　또한 어디를 「돌출」시킬 것인가를 선택하기 위해서는 넓은 「정보 시야」와 올바른 「정보처리 능력」이 필요하다.　따라서 돌출화한 결과는 「높은 정보발신력」을 갖게 된다.　이는 타인에게도 매력적이다.　「튀는 감각」이야말로 정보의 원천이다.　결단이 서지않는 현상유지 상태에서는 정보를 발신할 수 없다.

4. 「새로운 상식」이 생긴다

무엇을 포기하고 무엇을 창조하는가는 모두 그 사람의 가치관에 달려있다. 지금까지의 상식과 「당연시」해온 것들은 점점 무의미해져 가기 때문이다. 타인을 의식한 개성화에서 자기자신의 취향에 의한 개성화로 변화하고 있는 경향은 하쿠호도 생활종합연구소의 「생활정점조사」에서 확인되었다. 더이상 지금까지의 상식은 통용되지 않을 것이다.

5. 「원자화(原子化)」가 촉진된다

위에서 언급했듯이 사람들이 자신의 가치관에 따라 돌출화를 진전시킨다는 것은 95년의 생활예보에서 말했던 「원자화」(사람들이 점점 분산되어 가는 모양)가 더욱 촉진된다는 것을 의미한다. 사회의 정설이나 상식의 붕괴는 생활의 개별화(주관화)를 촉진하고 새로운 격차를 낳기 때문에 사람들의 원자화는 한층 더 현저해질 것이다.

6.「새로운 대세」가 생긴다

사람들의 생활이 돌출화해 간다는 것은, 산업구조의 변화와 신질서의 대두를 의미한다. 쉽게 이해할 수 있는「평범」한 것은 사람들이 선택하지 않게 되고「아니; 이런 것이 나왔구나」하고 감탄케하는 것에는 자꾸 관심을 갖게 될 것이다. 개인과 마찬가지로 기업도 돌출화(즉 자신이 생존해 나갈 방향을 선택하지 않으면)하지 않으면 앞으로 다가올 대세의 물결에 대응하지 못하게 되어 바닥으로 떨어질 것이다.

포기화(凹化)의 3가지 유형
(각종 포기 형태가 있으나 굳이 저류(低流)를 생각해 본다면)

　무엇을 포기할까. 이 행위를 「凹한다(포기한다)」라고 부르기로 한다.　먼저 버리는 용기가 필요하다.　그러나 이는 결코 마음 아픈 행위가 아니다.　삶의 방식을 분명히 하기 위한 선언이다.　따라서 오히려 상쾌한 기분이 든다. 긍정적인 것이다.　결코 마음이 찜찜한 행동이 아니다.

「주(主)된 것」을 포기한다

　과감히 「주된 것」을 포기하는 사람들이 늘어난다.　주기능, 주류, 주목적.　지금까지 「주(主)」라는 이름아래 진행했던 것이 실은 그다지 필요한 것이 아니라는 사실을 깨닫게 되는 것이다.

「상(常)」을 포기한다

　「상식」, 「상식적인 행태」를 무시하는 사람이 생기게 된다. 외견이나 세상사람, 일반적 가치관에 얽매여 생활의 즐거움을 잃어왔다고 느낀 적이 있을 것이다. 자기만족(자기다움)은 타인을 의식하지 않게 되었을 때 생겨난다.

「소유」를 포기한다

　「소유의 굴레」에서 벗어나는 사람도 늘어난다.　지금은 소유의 의미가 점점 희미해지고, 사용을 중시하는 방향으로 나아가는 중이다.　소유하지 않는다는 심적 가벼움이 오히려 물건의 사용가치를 낳는 것이다.

돌출화(凸化)의 3가지 유형
(각종 돌출이 있으나 굳이 저류(低流)를 생각해 본다면)

　　생활방식을 선택한다.　그리고 집중특화한다.　파이가 확대되지 않는 가운데 돌출한다. 이러한 움직임을 「凸한다 (돌출한다)」고 부른다.　어디까지나 포기하는 부분을 포함한 돌출화라는 점이 현 시대를 상징하고 있다. 스스로 「튀는 행동」을 추구하여 돈, 시간, 노력의 재배분을 시작한다.

「자신」에게 집중한다
　　세상의 상식에 얽매이지 않고 자신의 생각을 발전시키면 삶은 더욱 깊이를 더하게 될 것이다. 자기실현과 자기실력 등 진정으로 자신에게 충실해 질 수 있는 사람들이 늘어날 것이다.

「실용」적이 된다

철저하게 실용적이 되는 선택도 있다. 비일상적인 삶을 일상화하고 외출을 평상화하며 캐주얼을 자주 입으면 삶의 즐거움이 더욱 높아진다. 더이상 겉치레에 치중하지 않게 된다.

「시간」을 향유한다

시간을 즐긴다는 경향이 대폭적으로 늘어날 것이다. 목적이 아닌 과정의 시간, 소유가 아닌 사용의 시간 등, 진정한 풍요로움은 시간을 충분히 사용하는 순간부터 시작된다.

만족을 위해

본질시대

본질시대

　여행의 본질을 추구하려면 허식을 부린 요리보다 풍경을 마음으로 즐길 것.　여관에서는 잠만 자는 것이 바람직하다. 우동의 본질을 찾으려면 건더기는 버리고 우동 국물만을 즐길 것.　우동은 건더기가 없는 순수 우동이 좋다.　자동차의 본질을 찾으려면 부속사양(Options)보다 스피드 자체를 즐길 것. 자동차는 아무런 장식이 없는 순수 자동차가 좋다.　TV의 본질을 추구하려면 부기능보다 브라운관의 아름다움을 즐길 것. TV는 순수한 TV가 좋다.

　이런 식으로 부가가치는 완벽하게 버리고 그 상품의 기본적인 높은 질만을 취하려는 경향이 강해지고 있다.　사물과 서비스의 기본에 대한 시선이 엄격해진다고도 할 수 있다. 예를 들면 레스토랑은 요리가 기본.　그렇다면 인테리어나 고급식기를 생략한 만큼 실질적으로 맛있는 요리를 만들어 낸다.　음악은 로우파이(Low Fi - 하이파이의 반대)가 유행하고 있다.　음악은 목소리와 악기 소리가 기본이다.　따라서 컴퓨터로 이것저것 쳐보지 않는다.　정보도 마찬가지이다.　편집 이전에 '나는 보았다, 생각했다'는 것이 기본이므로 인터넷의 퍼스널 홈 페이지를 둔다.　이는 세상 전체가 「누드」무드가 되었다는 것을 말해주는 것이다.　순수한 것과 정보는 꾸미지 않는다.　질(質)이 그대로 드러나 있다.　누드 요리점, 누드 음악, 누드 아이디어.　그리고 순수한 경쟁은 허식이 없는 만큼 진정한 의미에서 승부할 수 있다.　나와라!　'모두 벗어버려도 굉장한' 상품들.

제품의 본질적인 기능은 상품의 가치를 대변한다

가전산업의 경우에 시장점유율을 늘리기 위한 노력은 가히 전쟁이라 불릴만하다. 각 사들의 차별화 전략은 소비자 대상층을 차별화하여 그에 맞는 차별화 상품을 개발하겠다는 것이다. 특히 가전3사의 경우는 Me Too전략(모방전략)보다는 보다 철저한 차별화 전략에 중점을 두고 있다. 삼성전자의 월드베스트 전략은 「세계최고의 품질로 정상을 확보한다」는 것이고 LG전자의 바이폴라(Bipolar)전략은 「최고급 아니면 보급형 상품으로 시장을 2분화하여 공략하자」는 것이다. 반면 대우전자의 미들엔드(Middle End)전략은 「소비수요가 가장 폭넓은 중간대 가격 시장에 집중한다」는 것이다. 이러한 시장상황속에서 대우전자의 열세를 어느 정도 만회시켜주고 소비자의 공감을 얻었던 부분이 이들의 미들엔드 전략에 따른 '탱크주의' 개념이었다. 한마디로 부가기능보다는 상품의 본질인 튼튼함으로 승부하겠다는 것이고 대다수의 많은 소비자들이 이러한 개념에 부응하고 있다.

E마트나 프라이스 클럽, 각종 아울렛(Outlet : 본래 미국등지의 대형 재고할인 전문매장)의 등장으로 한국의 소비자들은 이제 가격의 허(虛)와 실(實)에 대한 나름대로의 인식이 형성되었다. 과거와 다른 일면은 어떤 상품의 부가가치를 뺀 상품의 기본기능에 대한 대가로 가격을 지불하려는 생각들이 형성되었다는 것이다.

물론 사회에는 동전의 양면과 같이 추가지불을 하더라도 자신의 이미지를 고급화하려는 부류도 있다. 이러한 것은 차치

하더라도 상품의 기본적인 기능에 대해서 값을 지불하려는 사람들은 점점 늘어날 것이다. 일본에서 무인상점(No Brand Shop)이 주의를 끈 것과 마찬가지로 우리나라에서도 이러한 경향이 나타나고 있으며 '실용선언'이라는 점포도 나타났다.

실리있는 생략

실리있는 생략

어느 연기자가 이런 이야기를 했다. "나이를 먹어도 이렇게 연기를 할 수 있는 것은 가끔 손을 놓기도 하기 때문이다"라고. 열심히 일한다. 젊을 때는 물론 할 수 있는 일이다. 그러나 계속 이런 식으로 일하다보면 몸이 축난다. 가끔은 쉬는 것도 중요하다. 적절하게 손을 놓고 일하다가 「바로 이거다」라고 생각되는 곳에서 과감히 결정한다. 실은 이렇게 하기가 무척 어렵다. 오히려 거꾸로 하는 미숙자는 많다. 예를 들면 매진해야 할 부분에서 잠깐 손을 놓고 쉬고, 약간 느슨하게 해야 할 일에서 긴장해 버린다.

최근 「페이퍼 레스토랑」이 늘어나고 있다. 앞으로도 더욱 늘어날 것이다. 식탁보 대신에 종이를 사용하는 곳이다. 따라서 일손이 들지 않고 코스트가 저렴하다. 단 재료값에 돈을 아끼지 않는다. 서비스에도 신경을 쓴다. 거품경제가 붕괴한 후 가격을 낮추기 위해 모든 품질을 떨어뜨리는 방법을 쓰는 곳도 있지만 이제 그런 방법은 통하지 않는다. 힘을 기울여 변화를 추구할 필요가 생긴 것이다. 레스토랑에서 소스는 숙련된 솜씨와 비용이 드므로 그 대신 좋은 재료를 로스트 구이로 제공하는 방식의 간단한 쿠킹으로 손님에게 어필하는 곳이 늘고 있다. 「편의점식 여관」도 늘어날 것 같다. 요리는 일반적으로 식당에서 제공한다. 여기까지는 일반화되고 있으나 더욱 진행하면 숙박기능을 철저히 하고 요리는 자유롭게 주문해 먹는 시스템도 생기게 될 것이다. 「생략 방법이 실리적이다」. 이것이 포인트가 된다.

　영화에 있어서 극적인 반전과 의미있는 함축, 실리적인 생략은 작품성을 높여준다. 게다가 이러한 것들이 적절히 섞여있을 때 관객의 호감과 공감은 극도로 높아지기 마련이다. 예로부터 동양화에서도 여백의 미를 중요시했다. 한마디로 적절한 생략은 본질을 충분히 강조할 수가 있는 것이다.

　대학가나 직장인이 중심이 되는 시내의 도시락집은 그러한 예를 단적으로 보여준다. 좌석은 없다. 식사라고 하는 본래의 기능만을 충족시켜 주며 주문에 의해서 도시락을 제공해 줄 뿐이다. 신촌같은 곳에는 의자가 단지 4개뿐인 우동집도 있다. 의자너머가 바로 식탁이 되고 바로 앞쪽에는 우동국물이 끓고 있다. 이 의자도 외부에 곧장 노출되어 있다. 손님들도 앉아서 식사가 나오기를 기다리지는 않는다. 여기서의 본질은 허기를 메운다는 한가지이다. 그러고 보면 이러한 예는 한국의 포장마차 떡볶이문화에서 원류를 찾아볼 수 있겠다.

　본질을 강조하며 부대적인 기능이 축소되는 현상은 비디오방과 찜질방, 휴면텔(바쁜 도시인이 잠시 낮잠을 청할 수 있는 시설)의 성장을 가져왔다. 실리있는 생략은 또한 은행의 무인점포화를 가속시켰다. 비교적 규모가 작은 은행들의 경우 입지선정에 따른 막대한 비용을 줄이면서 은행업무의 많은 부분을 수행할 수가 있어 나름대로의 경쟁력을 키우고 있다. 비단 우리나라의 경우만은 아니겠지만 이제 일상화된 카드문화라고 하는 것도 실리있는 생략의 결과라고 볼수있다. 직불카드의 실용화는 현금보유의 위험과 불편을 해소시키면서 물품구매와

현금카드기능을 함께 갖는다. 「가지고 다니는 은행」으로서 직
불카드는 무현금시대의 길잡이 역할을 할 것이다. '복잡한 세
상을 복합화해서 살아가는 시대'에는 기본기능을 중심으로 본
질적인 모습을 더욱 강조하는 제품이나 성향들이 더욱 필요해
질 것이다.

선.택
실리

완벽함
포.기

깎지않는 이발소

깎지않는 이발소

이발소인데 머리는 깍지 않는다. 이러한 새로운 형태의 이발소가 늘어나고 있다. 피로를 없애준다. 미용효과를 준다. 이발소에서는 이러한 부수적인 기능을 내세우고 있고 이용자들은 흔쾌히 이를 받아들이고 있다. 물론, 많은 경우 머리 다듬는 것을 가장 큰 목적으로 이발소를 이용한다. 이런 점은 바뀌지 않는다. 그러나 이러한 옵션까지 이용할 수 있다면 생활인(生活人-일본에서 사용하는 용어로 소비자라는 어감을 뛰어넘어 다양한 생활양식을 가진 사람들을 통칭한다)으로서는 더할 나위없이 좋은 일이다.

주기능은 일부러 없애고 부수적인 기능을 극대화한다. 앞으로의 생활인은 이러한 형태로 상품과 서비스를 훌륭하게 구입하고 받아들인다. 이탈리아 요리점이 유행하는 것도 전채요리만을 여러개 주문하고 술을 마실 수 있다는 점이 매력적이기 때문이다. 앞으로 이러한 전채요리 술집이 더욱 늘어날 것이다. 또는 술을 마시는 것이 주기능인 바에서 무알콜에 주력한 무알콜 바를 내는 것도 괜찮을 것같다. 머리를 깍지 않는 이발소라는 개념에서 중요한 것은, 주기능이 나빠도 된다는 것이 아니다. 부수적인 옵션이 매력적이라는 것은 주된 것이 당연히 고품질이라는 것을 의미한다. 생활속에서 개인이 이렇게 생각하는 시대가 된 것이다.

주기능의 이용과 함께 부수적인 기능을 사용한다. 따라서 종래보다도 더욱 그 상점과 서비스에 접촉하는 기회가 많아진다. 이런 식의 「깎지않는 이발소」 유형에 대한 생활인의 반응이 나타나게 될 것이다.

　쿵짝, 쿵짝, 쿵짜라짝짝, 쿵짝짝, 칙칙, 쫘르륵, 지글지글. 한국식도 일본식도 몽골식도 아닌 범아시아적 프라이드 라이스(Fried rice)점에서 들리는 소리이다. 일본 철판구이 시스템에서 김치볶음밥을 마치 칵테일이라도 만들듯이 요란한 동작으로 볶아대는 「신 철판볶음밥집」이 젊은이들에게 인기가 높다. 이처럼 밥도 먹고 구경거리도 즐길 수 있는 이 프라이드 라이스점 같은 복합점들이 심심치 않게 속속 등장하고 있다.

　로바다야키에 주점이 혼합된 소주방, 술도 마시고 춤도 출 수 있는 록카페, 커피도 마시고 당구도 치고 다트게임도 하며 심지어는 암벽 등반까지 연습할 수 있는 스포츠 카페, 리포트를 쓰거나 PC통신을 하면서 차 한잔 마실 수 있는 인터넷 카페, 갤러리와 팩시밀리를 갖춘 복합카페, 목욕도 하고 신경통에 좋은 찜질도 할 수 있는 건강찜질방 등등. 주기능과 부기능이 무엇인지 알 수 없지만 재미와 목적을 함께 달성할 수 있는 복합기능점들이 인기 속에서 자리를 잡아간다. 주기능보다 부수적인 기능이 더 매력적인 상품 컨셉은 다양한 관심을 갖고 있으며 가볍고 변덕스런 선호경향을 보이는 현대인들에게 소구하기위한 핵심항목이다.

　복합상품은 단순한 두기능의 합이아니라, 1+1=3 이되는 폭발적 시너지효과의 극대화를 의미한다. 그렇기 때문에 앞으로는 기본기능 외에 부가기능이 추가된 복합상품이 더욱 확대될 것으로 보인다.

선 택
부수적 기능
주기능
포 기

가까운 거리에서 즐기는
리치(Rich) 감각

가까운 거리에서 즐기는 리치(Rich) 감각

　국내여행보다 해외여행이 가격이 싸다는 것은 이미 상식이다.　여행에 드는 돈의 여유가 생기지 않으면 점점 싼 여행으로 사람들이 몰리게 된다. 그렇다고 해서 국내도 뒷짐만 쥐고 있는 것은 아니다.　고급여관 숙박 1만엔 패키지.　당일치기 고급요리 여행패키지 등 다양한 여행상품이 넘쳐나고 있다. 모두 대도시에서 그다지 멀지 않은 곳에 있는 여관이고 인기도 높다.　교통비에는 돈을 들이지 않고 고급감각은 충분히 맛볼 수 있다는 것이 인기의 비밀이다.

　한편 해외여행도 일본에서 가까운 아시아가 높은 인기를 끌고 있다.　물론 아시아선 항공운임이 유럽선에 비해 거리가 가까운데 비해 그다지 싸지는 않다.　그러나 호텔비나 식비가 저렴하므로 여행비용 전체가 싸게 든다.　따라서 호텔은 중급 정도에서 묵고 근사한 별미에 돈을 들이는 아시아 음식여행, 식사는 포장마차에서 해결해도 호텔은 개인용 수영장이 달린 빌라에서 묵는 아시아 호화 호텔여행 등이 유행하고 있는 것이다.

　여행 경향은 지금까지 싸고 가까운 곳으로 가는 것이었다. 그러나 여행이 보편화된 일본인은 싸게 해결할 수 있는 것은 줄이고 무엇인가에 집중해서 돈을 들이는 리치감각의 여행을 준비하게 된 것이다.　차라리 여행을 그만두고 역앞의 중국집에 가족들과 가서 풀코스 음식을 먹는 것도 "가까운 거리에서 즐기는 리치감각"일 것이다.

"마음은 서태지, 몸은 김정구." 이 말은 한동안 이상과 현실의 차이를 설명하는 말로 유행한 적이 있었다. 이상과 현실의 괴리는 스트레스를 가중시킨다. 바라는 것은 많지만 자신의 능력이 안따라 준다면 낙담만 할 것이 아니라 현실적인 대안을 찾는 것이 현명하다. 신문, 잡지, 방송 등 다양한 채널을 통해 사람들의 안목이 갈수록 높아지고 세련되어감에 따라 생활욕구도 고급화 경향으로 자꾸만 분화되고 있다. 그렇다고 해서 개인소득이 갑자기 증가하는 것도 아니기에 성급한 소비자에게는 무엇인가 만족 대체품이 필요해졌다.

근래 선풍적인 인기를 끌고 있는 대리석이나 플로어링(마루바닥) 효과가 나는 바닥장식재, 새로운 느낌이 나게하는 가구용 합성비닐류나 접착시트, 명동에 있는 식당가로 유럽식 노천카페 분위기를 자아내며 다양한 동,서양 메뉴를 제공하는 「파레트 식당」 등도 저렴하게 고급감각을 느끼게 해주는 아이디어 상품이다. 욕심대로 다 향유할 수 없다는게 현실이고 보면, 이러한 대체품 찾아주기 사업은 언제나 히트치지 않을 수 없다. 특히 요즘처럼 사람들의 안목이 높아진 시대에는.

선 택

근처에서 즐기는 리치감각

먼 곳에서 즐기는 호화로움

포 기

부모슬하 귀족

부모슬하 귀족

　"아빠도 엄마도 모두 건강해요. 그래서 저도 독신생활을 청산하고 집으로 들어가기로 결정했죠." 최근 꽉찬 나이에 이런 「부모슬하 귀족」이 되겠다고 자처하는 사람들이 늘고 있다. 거품경제기에는 좋았지만 요즘 세상은 오르지 않는 월급과 여유없는 생활로 독신귀족이 과거와 같은 풍요로운 생활을 누릴 수 없게 되었다. 그렇다면 깨끗히 집으로 돌아가는 편이 현명할 지도 모른다. "사회인이 되었으니 이제 자립해서 부모밑을 떠납니다"라고 버티고 있을 때가 아니다.

　몸에 배인 사치를 포기하는 일이 어려울 지는 몰라도 독신생활의 자유로움과 방종을 조금 참으면 그다지 어려운 일도 아닐 듯싶다. 그래서 풍요롭게만 살 수 있다면 말이다. 부모슬하로 돌아온다고 해서 옛날 자기방을 그대로 쓰는 것은 아니다. 유행하는 내부수리를 한다면 멋지고 멋진 「부모슬하 궁전」이 탄생하는 것이다. 어려울 때에 부모 생각이 난다고 했던가. 광열비도 들지 않는다. 차고도 무료. 잔디가 깔린 정원도 넓은 목욕탕도 있다. 엄마는 보다 못해 와이셔츠를 다려주신다. 세탁을 하지 않아도 된다. 물론 배가 고파도 참을 필요가 없다.

　아아, 이 얼마나 우아한 생활인가. 옆에서 보면 좀처럼 결혼하려고 하지않는 마마보이라는 둥, 「연금에 얹혀 지내는 딸」이라는 둥 말할지 몰라도 전혀 개의치 않는다. 아슬아슬한 독신귀족보다는 따뜻하고 여유있는 부모슬하 귀족이 훨씬 좋다.

엄두도 낼 수 없는 집값, 우아한 생활을 위한 큰 씀씀이, 자신없는 출산 및 육아, 가사노동의 미숙함과 부담감 등. 한국에서는 주로 신혼 맞벌이 부부들이 현실적인 고민거리를 해결하기 위해서 부모슬하로 들어간다. 부모들이 이룬 경제적 풍요 속에서 자라난 요즘의 신혼부부들에게는 세대차이의 갈등보다도 안락한 생활이 더 중요해졌기 때문이다. 적은 월급으로 집 장만 대출금이나 갚느라고 쩔쩔매느니 좀 구속은 받더라도 부모 밑에서 인간답고 풍요로운 소비생활을 누리고 싶다는 게 이 커플들의 공통된 심리이다.

그렇다고 해서 과거처럼 한집안 살림을 하는 것이 아니라 부모는 아래층, 자식은 위층에서 츨입문을 따로 두고 서로의 독립을 보장하며 산다. 4대가 다세대 주택에서 가구별로 포진하여 살아가는 '목욕탕집 남자들'이라는 드라마와 같이 가족드라마가 최근들어 인기를 끈다거나 부모동반 이벤트가 성공을 거두는 것도 눈여겨 볼 경향들이다. 이미 상계동, 분당, 일산 일대에는 「신 대가족형태」에 발맞춰 복층형 아파트도 나왔다. 덕분에 장남의 인기가 다시 상승한다는 말이 있을 만큼 「신 대가족형태」는 여성의 사회진출이 증가할수록, 도시에서 집장만하기가 어려워질수록 늘어날 것으로 보인다. 하지만 이제 자식을 위한 생에서 벗어나 자신을 위한 여유를 즐기고 싶고, 또 그럴 능력도 있는 현대의 부모세대들에게는 달갑지 않은 일이니, 새로운 고부갈등, 세대갈등 테마가 등장할 지도 모르겠다. 자식들을 피해 실버타운으로 이주하는 자유 할머니, 자유 할아버지를 볼 수 있는 날도 머지 않은 것 같다.

선 · 택
경제적 풍요로움

독신생활의 자유로움
포 · 기

신졸주부(新卒主婦)

新卒主婦

작년은 초빙하기(超冰河期)라 불리울 정도로 취직난이 심했다. 그중에서도 특히 여대생은 장래성이 없는 회사라도 좋으니 들어가겠다고 할 정도로 참담한 상황에 처했었다. 그 결과 일본에서 취직이 되지 않아 우선 해외 대학이나 어학원에 유학가서 경기가 회복되기를 기다리겠다는 사람들이 두드러졌다. 또는 홍콩이나 싱가폴 기업에 적을 두기 위해 해외로 나가는 사람도 적지 않았던 것같다. 대졸 해외취업파인 것이다.

한편 과감히 결심한 여대생도 적지 않았다. 젊음만을 무기로 삼아 졸업과 동시에 전업주부로 들어앉는 길을 선택한 여성들이다. 「결혼이라도 할까?」「결혼밖에」라는 「라도·밖에 결혼」이라고 볼 수도 있지만 그 나름대로의 각오로 주부의 길을 택한 대졸주부도 적지않다. 대졸 OL이 일에 질려 결혼을 생각하기 시작했을 때 쯤에는 주부의 길을 택한 사람들은 이미 잔뼈굵은 전업주부가 되어 있는 것이다. 엄마 전문직인 셈이다.

또한 컴퓨터와 관련된 사업은 커다란 자본이 없어도 혼자서 기업화할 수 있는 경우가 적지않다. 따라서 학생시절에 얻은 지식과 취미로 얻은 컴퓨터 노하우를 바탕으로 개인영업을 시작하려는 모험기업가도 늘고 있다. 취업이 어려우니만큼 스스로 생각해서 길을 선택하려는 힘이 강해진다. 건강한 신졸 기업시대(新卒 企業時代)를 응원해 보자.

90년대 들어 광고계를 강타한 '미시신드롬'이 최근 흔들리기 시작했다. 96년 4월부터 방송되기 시작한 삼성전자 광고'신현모양처' 시리즈가 바로 그것. 매스컴 등에서 앞다투어 다루었던 「수퍼우먼형 커리어우먼」의 허상이 드러나고, 상대적 열등감을 느껴왔던 대부분의 전업주부들이 이를 외면했기 때문이다. 사실 주부가 일과 가정에 모두 완벽하기란 무척 어려운 것인데도 전반적인 사회분위기가 신세대 주부상이라며 부추긴 점도 없지 않았다. 아직도 취업주부보다는 전업주부가 많은 시대이기에 전업주부의 존재론적 회의감을 자극하는 이미지 메이킹은 그 기반이 튼튼하지 못할 것이다. 결국 「버블 미세스」현상(버블미세스란 주부의 실체보다 한껏 부풀려진 신세대식 주부상을 말한다. 현실성 있는 주부상보다 이상적인 주부상을 당연시하는 사회적 분위기에 반발하는 주부들의 갈등이 표출된 현상이다: 제일기획 정보개발팀 조사)이 나타나면서 「미시 신드롬」은 퇴색하기 시작했으니 말이다.

물론 여성의 취업률도 높아지고 맞벌이를 선호하는 경향이 뚜렷해지고 있지만 여전히 직장에서의 여성의 승진기회나 기타 사회참여 기회는 불투명하지 않은가? 뿐만 아니라 가정의 대소사에 대한 1차적인 책임은 여성에게 묻는 것이 사회적 통념이니, 차라리 전업주부로 취업해서 착실히 생활 노-하우(Know-How)를 쌓는 것이 이익이라는 계산이 한국에서도 가능할 것으로 보인다.

따라서 최소한 자신의 존재를 확인하고 가사노동의 의미를 공유키 위해 집안 일에서의 하루 해방을 즐기는 「주부월차」의 새 풍속도나 가사노동의 부담 속에서도 자기개발의 여유를 찾는 슬기로운 주부상은 지금의 전업주부에게는 적절한 방향제시라고 본다. 이 참에 전업주부 개념에서 한발 더 나아가 책임감있고 의식있으며 생활 전반에 관한 전문지식을 갖고 있는 「전문주부」상을 피력해 보면 어떨까?

선 · 택

자기선택에 의한 安心

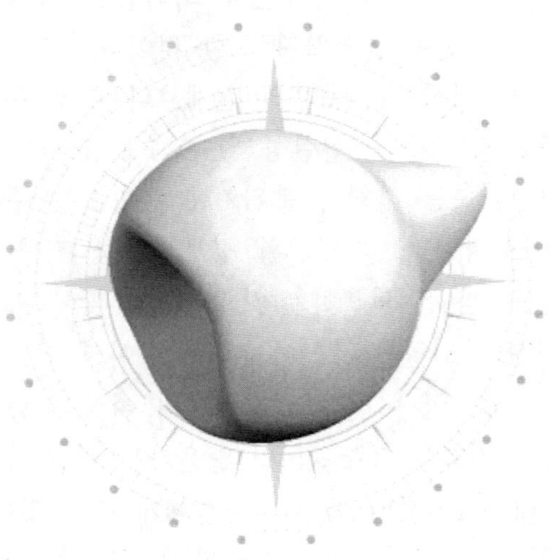

사회생활속의 안주

포 · 기

짚신 한짝 인생

짚신 한짝 인생

　연공서열제도의 붕괴는 상승세의 생활설계를 붕괴시켰다. 월급봉투가 얇은 평탄 사회에서는 노력해도 노력하지 않아도 바뀔 것은 없다고 생각하는 사람이 늘고 있다.　하쿠호도 생활종합연구소에서 행한 생활정점조사에서도 「편안한 지위가 좋다」는 사람이 77%이고 「책임있는 지위에 앉고 싶다」는 사람이 불과 21%밖에 되지 않았다.　이 「편안한 지위에 앉고 싶다」는 숫자는 베트남의 7%, 한국의 20%와 비교해도 매우 높은 수준이다.　일벌레 일본인의 신화는 점점 무너지고 있다. 평생 노력해도 책임만 무거운 관리직에 앉기 보다는 편안한 평사원이 좋다.　명예나 체면을 버리면 만년 평사원의 행복을 느낄 수가 있다.

　장기휴가를 내서 해외로 나가는 OL, 퇴근을 알리는 벨소리와 동시에 자리를 떠 퇴근후 시간을 즐기는 OL을 먼발치에서 부러워하기보다는 회사생활의 새로운 모범으로 생각하고 적극적으로 배우려는 자세가 필요하다.　유급휴가는 완전히 소화하고 필요하면 결근도 불사한다.　심신이 피곤해지는 러쉬아워를 피해 자주적으로 지각하는 「시간차 통근」.　짚신 두짝을 챙겨신은 기업전사로부터 짚신 한짝도 신을 수 없는 한심한 녀석이라고 비난 받을지언정, 스트레스도 없고 체력도 유지하는 짚신 한짝 인생은 언제까지나 건강하다.　기나긴 인생을 생각하면 과로사의 위험을 안고 피곤에 지친 삶을 살기 보다는 어깨 힘을 뺀 편안한 인생이 좋다.　젊을 때부터 적극적인 의미에서의 한량 지원파가 늘어나고 있다.

수입이 줄더라도 가족본위의 단란한 생활을 위해 직장까지도 바꾸는 사람들을 덤피(DUMPIE-Downward Mobile Professional)족이라 한다. 한편 안정된 생활을 추구하면서도 금전보다는 마음의 평안을 중히 여기는 사람들을 트위너(Tweener)족이라고 한다. 일본과 마찬가지로 연공서열제의 붕괴와 대기업에서의 인사적체 현상등은 80년대 이후 직장인들의 마인드를 바꾸어 놓았다. 전통적 직장인과의 세대교체가 일어나고 있는 것이다. 아등바등 열심히 일해보았자 결국 남는 것은 무엇인가하는 회의론이 대두하고 자신의 여가를 즐기려는 풍조가 만연하면서 자신의 리듬을 갖고 생활하는 사람이 많아졌다.

최근의 여러 조사를 볼 때도 직장보다는 개인생활을 중시하는 젊은층이 늘어나고 있는 추세다. 기성직장인들은 요즘 신입사원들이 과거 자신의 모습과는 다르다고 느끼고 있으며, 가능한 시간외 근무는 하지 않으려는 경향이 직장인 사이에 확산되고 있다(제일기획 조사).

현재 중견간부 이상의 직장인 세대는 빈곤한 시대에 태어나 어렵게 입사를 했다. 이들은 아직도 회사를 위해서 물불가리지 않고 인생을 불살랐던 맹렬 직장인으로서의 체험을 간직하고 있으며 회사를 위해서 일하는 것에 대단한 자부심을 갖고 있고, 또 그것을 미덕으로 생각하고 있다. 이러한 그들이 트위너족, 덤피족에게 당황하고 서로의 가치관 차이때문에 마찰까지 빚게되는 것은 당연하다. 그러나 생활수준이 높아질수록 경쟁심이나 승부욕, 일 중심사고는 점점 줄어들고 자신의 현

재를 마음 편히 즐기고 싶어하는 경향이 전반적으로 높아지는
것은 막을 수 없을 것으로 보인다.

공영인생

公營人生

　놀고 싶다, 여행하고 싶다, 배우고 싶다, 쉬고 싶다. 욕망은 80년대에 부풀어 올라 그대로 머물러 있다. 그러나 지갑은 부풀지 않고 있다.

　요즘에는 철저히 공영시설을 이용하여 지갑의 부담을 줄이면서 즐기는 사람들이 늘어나고 있다. 서비스가 다소 뒤떨어지는 단점이 있어도 거품경제기의 유산인 공영시설도 시설만큼은 민간시설 이상으로 훌륭한 곳이 적지않다. 비싼 입회비와 월 이용료를 내는 스포츠 클럽에 가기 보다는 약간의 이용료로도 충분한 공영 수영장에서 수영한다. 거품경제기에 노천온천을 만든 덕에 숙박비가 비싸진 대도시 근교의 온천여관에 묵느니 차라리 가격도 저렴한 공영 휴양시설에 묵는 편이 낫다. 그래도 마음먹고 예약하려면 만원인 경우가 많은 것이 옥에 티. 그렇다면 공영 온천센터에 당일치기로 가기로 하자. 아이의 교육도 허영을 부리지 말고 공립학교에 보낸다. 유학도 장학금으로 가고 자기수련도 멀리 있는 문화센터보다는 지역교육센터를 이용한다. 마이카보다는 대중교통, 베스트셀러나 신간잡지도 읽고 버리기 보다는 도서관에서 본다. 얼마전까지만 해도 당연시 여겼던 공영시설 이용, 80년대 이후 촌스럽다고 여겼던 것이 오히려 이상하다.

　인생은 모두 함께 사는 것이다. 세금은 공영 레저클럽의 회비로도 충당된다. 단지 싸다고 해서 이용한다면 왠지 씁쓸하다. 공영시설의 이용은 지역형 네트워크의 출발점이라고 인식하는 것이 공영인생의 대원점(大原點)이다.

공공시설의 이용은 실용시대의 합리적 선택이다

   한국에서도 공공시설을 이용하는 사람들이 늘고 있다. 서울 교육문화회관 건강수영 교실은 서초구청에서 실시하는 스포츠 교실로서 기존 스포츠센터와 달리 회원제가 아니다. 누구나 이용이 가능한 이 건강수영교실에서는 서초구청장배 수영대회를 개최하는 등 착실히 구민의 참여를 유도하여 성공을 거두고 있다. 이는 지방자치제 실시로 인한 풀뿌리 행정과 경제성을 중요시하는 소비자 욕구가 맞아떨어진 결과로 앞으로도 이러한 기획은 반향을 불러 일으킬 것으로 보인다.

   저렴한 가격에 같은 효용을 얻을 수 있다면 조금 번거로워도 괜찮다는 「알뜰 고급문화 갈망파」가 다수인 지금. 대도시로 삶의 터전은 옮겼으나 아직은 대다수가 삶의 질이 그다지 높지않다. 물밀듯이 밀려드는 고급브랜드 광고와 여유있는 삶에 대한 정보로 사람들은 동경만 가득한데, 비용이라는 현실이 따라가지 못하고 있다. 따라서 오늘의 한국에서도 이와 같은 '공공시설을 통한 조기만족'이 대안이 될 수 있다.

   어렵게 시작한 풀뿌리 민주주의, 풀뿌리 행정이 좀더 싹을 틔우려면 지역인들의 관심을 모을 수 있는 이러한 기획들이 좋은 방편이 될 것으로 보인다. 그런 맥락에서 점심시간에 회사원들에게 고궁을 무료개방한다거나, 각종 구립복지회관에서 문화교실 등을 구민대상으로 운영하는 것은 시대를 반영한 신선한 기획이라고 본다.

선택

비영리시설 활용의 실질

상업주의의 쾌락

포기

여자의 오늘

여자의 오늘

　"장래의 안정은 생각하지 않는다.　노후의 걱정을 지금부터 해서 무엇하랴.　보험에 든 인생은 정말 이상하다. 그래, 우리들은 아무것도 신경쓰지 않는다.　지금이 가장 중요하다. 지금 활기있게 사는 것이 우리들의 행복이자 보물이다."　이러한 여성들이 늘어나고 있다.

　현재의 쾌락에 몰두하는 여성들.　독신여성들에 국한된 이야기가 아니다.　남편을 국내에 남겨두고 혼자 해외유학을 떠나는 주부도 있다.　돈이 모이면 회사에 사표를 던지고 따뜻한 곳으로 여행을 떠난다.　그리고 돈이 떨어지면 귀국해서 다시 직업을 찾는 「돌발전직(突發轉職)여성」도 있다.

　"인생은 현재의 연속이니까"라고 자신에게 꽃다발을 보내는 여성도 있다.　젊고 아름다울 때의 기념으로 누드사진을 잡지에 싣는 미즈도 있다.　아시아에서도 특히 비관적인 생각을 갖고 있는 일본인.「싫은 일」「슬픈 일」「마음에 걸리는 일과 불안」 등의 마이너스 감정을 가진 사람들이 꽤 많은 반면 「자신의 장래가 밝다」는 사람이 적다.(생활종합연구소 95년 아시아 조사)

　그래도 그녀들은 「오늘을 사는 사람들」이다.　긍정적 사고방식으로 낙관적.　어떻게든 되겠지라며 오늘을 산다.　사람들에게 폐를 끼치지도 않는 이런 삶의 방식도 괜찮지 않은가? 한번뿐인 인생.　샐러리맨들은 그런 그녀들을 옆눈으로 보면서 「지금은 좋아도 나중에는 후회할 것이다」라고 생각하는지 아니면 부러워 하고 있는 것인지.

"나는 나, 나만의 방식을 추구한다."는 것이 요즘 사람들의 인식이다. 풍요로운 내일을 위해 오늘 굶을 수는 없다는 생각이 공감을 얻고 있는 시대이다. 미래를 대비하는 것도 중요하지만 현재가 더 중요하다라는 의견에 많은 사람들이 동의하고 있는데 이러한 성향은 남성보다는 여성에게 상대적으로 높게 나타난다.(95년 제일기획 조사).

여성이 미래보다 현재에 더 의미부여를 하는 것은 외모때문일 것이다. 여성에게 외모는 자산과 같은 것으로서 시간이 지날수록 점점 줄어들기만 하는 건전지같은 것이다. 따라서 한창 에너지가 하늘을 찌를 때 많은 것을 향유하려는 마음은 당연하다. 그래서 그런지 요즘에는 세미누드 사진을 찍는 신세대 여성들이 부쩍 늘고 있다고 한다. 배꼽티, 핫팬츠, 탱크탑 등을 사진관에 들고 와 번갈아 입으며 섹시한 포즈를 취하거나 손으로 살짝 가린 상반신 누드를 찍는 식이다. 핫팬츠 단추마저 풀어 제친 야한 포즈도 있고 임신모습을 담는 데미무어파(유명한 여배우 데미무어가 임신했을 때 Vanity Fair라는 잡지에 Body Painting한 모습이 실린 적이 있음)도 있다. 한마디로 '젊은시절 내몸 영원히 간직하자' 는 것이다. 현재가 중요하며 미래에도 현재에 살고 싶고 과거속에도 지금의 현재가 투영되는 삶이다. 이러한 것이 무모하다는 생각은 안한다. 예술은 길고 인생은 짧기에 돌아오지 않는 현재를 즐기려는 사람들이 점점 늘고 있다.

선택

현재의 쾌락

장래의 안정

포기

일용일품주의

一用逸品主義

　튼튼하고 입기 편안한 코트가 한벌.　부엌에는 다기능 헤비듀티(Heavy Duty) 나이프 한 개와 다기능 오븐이 갖추어져 있다.　스포츠 용품과 악기 등 취미도구라면 비싸도 평생 사용할 수 있는 것을 한 가지.　한 가지 용도에 한 가지 최상품만을 사용하는 생활.　이는 정말로 좋은 물건과 철저하게 친해지는 삶을 말한다.　분명히 다양한 사물에 접하는 것은 자극이 있어서 즐겁기는 하나, 선택한 한 가지가 진정한 일품(逸品)이라면 질리는 일은 없다.　시계나 여행가방이나 여행용 세면도구 셋트도 "진품"이라 불리는 물건에는 깊이가 있다.　쓰면 쓸수록 새로운 발견을 하게 된다.　설계 자체가 뒤떨어지지 않는 것이다.　형편없는 자질구레한 물건에 돈을 쓰기 보다는 한가지 필요한 것에 자신의 생활예산을 집중해서 쓰고 싶다.

단 이러한 일용일품주의자를 붙잡기 위해서는 애프터서비스가 확실하지 않으면 안된다(오늘날의 일본에는 수선업종이 적다).

　여기서 한 가지를 제안하겠다.　각 메이커가 자사제품을 위해 제품병원이라는 사업을 시작해 보면 어떨까.　옷병원, 가구병원, 냄비나 솥 등의 병원…….　여기에는 당연히 프로덕트 카르테(Karte:진료기록카드)가 보존되어 있어 물건의 건강을 회복시켜 준다(경우에 따라서는 리메이크 버젼 업도 접수한다).　입원비를 내고서라도 재생시키고 싶은 옷이나 가구는 반드시 있기 마련이다.

　우리나라 방화중에서 한 때 장안을 떠들썩하게 했던 영화 가운데 「자유부인」이 있다. 엄격한 보수주의의 틀을 벗어나 한 여성의 자유스런 인생관을 내비침으로써 화제거리가 되었다. 이 영화가 미친 사회적 영향력을 통해 우리는 현대 마케팅 측면에서 중요한 단서를 찾아낼 수가 있다. 자유부인의 상대역 중 한 명이었던 사장은 그녀를 위해 양품점에서 최고급 양산을 주문한다. 그 양산의 값이 파격적인 고가였음은 물론이다. 이 영화를 본 많은 사람들은 자신이 구매할 수 있는 범위내의 최고제품을 일반제품에 비해 다소 비싼 값을 들이고서라도 구입하는 현상이 발생했다. 대체품을 통한 만족차원을 뛰어넘어 최고급품을 가짐으로써 얻는 심리적인 이익이 그 흐름 속에 있었다.

　이러한 트렌드가 최근 다시 소비의 흐름 속에 자리잡고 있다. 현대의 새로운 구매인식의 흐름 속에 추가된 것은 바로 「量보다 質」이라고 하는 것이다. 소비자들은 제품구매시 최선의 가격에서 최고의 품질도 얻기를 갈망한다. 최고급이라는 것에는 품질이라는 이미지가 강하게 내포되어 있으며 高價라는 이미지가 품질과 더불어 승화된 제품을 의미한다. 물론 젊은층을 중심으로 한 맹목적인 고급브랜드 성향이 없는 것은 아니나 한순간만이라도 호화스럽게 대접받고 싶은 마음, 약간 사치스럽게 생각되지만 가끔 자신을 행복하게 해주는 것이 필요한 세상이다.

　제품은 여러 가지 수요 메커니즘에 의해 결정되지만 똑같은 상품이나 서비스도 소비자의 차이에 따라 의미가 변하는 「인식차이수요(認識差異需要)」가 과거와 다소 다른 점이라 할 수 있다. 스위스 아미나이프처럼 어떤 이에게 사치였던 제품은 다른 이에게 가격과 품질 그리고 디자인 등 심리적 만족을 극대화시켜주는 진품(眞品)이 된다. 그래서 소비자의 자부심을 높여주는 것(제품에 대한 평가측면)이 브랜드 자산(資產)의 가장 큰 요소중 하나가 된 것이다.

선 · 택

진품을 사용하는 즐거움

다양한 사물을 사용하는 즐거움

포 · 기

오프타임 단골손님

오프타임 단골손님

일본은 사계절이 분명하다. 그 분명한 사계절 덕분에 리조트의 성수기와 비수기도 분명하게 구별된다. 따라서 호텔에서는 손님이 오는 성수기에는 고가정책을 쓸 수밖에 없는 것이다. 그러니 성수기의 가격이라면 오래 머무를 수가 없다.

그렇다면 과감히 비수기에 2번이나 3번 갔다오면 어떨까. 그렇게 하면 호텔이나 상점 주인과도 안면이 있게 되어 단골손님이 될 수 있다. 분명히 비수기는 조금 춥다거나 단풍을 보지 못하는 단점이 있지만 좋은 점만 생각하면 될 것 아닌가. 텅 비어서 오히려 마음 편하다라고.

고급 레스토랑의 풀코스 디너를 2개월에 1번 먹기보다는 런치타임에 5번 먹는 것이다. 일주일에 한번 진탕 취할 때까지 마시기 보다는 퇴근길에 칵테일 2잔으로 매일 찾아간다. 이러한 가벼운 단골손님이 앞으로의 새로운 스타일이다. 가부키 공연을 S석에 공연마다 가기보다는 퇴근길에 E석 티켓을 들고 공연을 보러가는 OL. 무대가 다소 멀기는 해도 괜찮지 않은가. 개봉관에서 영화를 보기 보다는 몇달 뒤에 비디오를 5개 빌려보는 여대생. 물론 화면이 작다는 단점이 있기는 해도 괜찮지 않은가. 이러한 사람들이 남못지 않은 평론가가 된다. 그리고 그녀들이 노리는 것은 바로 6월의 신부가 아니라 평일날 할인혜택을 받는 결혼식이리라.

　겨울에 떠나는 바캉스…, 한국에서 오프타임이 인기를 끈다면 '한산하기' 때문일 것이다. 출근전쟁이라 할 만큼 극심한 교통체증 속에서 일상생활을 해온 도시인에게는 '사람' 그 자체가 스트레스다. 따라서 근래에 들어와서는 겨울에 휴가를 떠나는 직장인들이 많아졌다. 기분전환 하려고 떠난 휴가가 북적대는 사람들과 성수기에 한몫 챙기려는 상인들의 바가지 요금으로 오히려 짜증스러워진다면 휴가의 의미를 잃을것이다. 더위와 피서객에 밀려다니다가 허술한 대접이나 받는 대신 여행객이 적은 겨울에 '왕' 대접 받는 것이 더 실속있다는 것이 현대 직장인들의 계산이다. 최근 스키와 같은 겨울레포츠의 인기가 폭발적으로 증가하는 것도 이러한 성향을 반영하는 것으로 볼 수 있다.

　겨울 바캉스의 또다른 추세는 해외여행. 예전 같으면 비수기라 온갖 특혜를 주어야 겨우 여행객을 유치할 수 있었던 1월 중순부터 2월까지 유명 휴양지 항공권과 숙박시설이 지금은 자리가 없어 예약할 수 없는 기현상이 벌어지고 있다. 여름 휴가 시즌에는 동료들과 휴가시기 경쟁을 해야 하지만 겨울에 가겠다고 하며 경쟁에서 빠진다면 동료들의 감사인사를 받을 수 있다. 뿐만 아니라 가까운 동남아시아나 태평양 작은 섬들로 떠난다면 여름 바가지 요금에 맞춰 지출했을 국내 여행비와 큰 차이 없이 이국의 따뜻한 풍요로움을 느낄 수 있다. 물론 여행사와 항공사가 제공하는 할인혜택도 받아가면서. 이런 '일석삼조(一石三鳥)' 남는 장사를 마다할 이유가 없다. 이런 사람이 많아지면 「비수기 특혜」도 사라질지 모르겠지만, 갈수록 돈보다 마음의 여유를 더 중시하니 오프타임 인기는 계속될 것으로 보인다.

선택

반복에 따른 충족감

완전무결한 쾌락

포기

별 세개짜리 캐주얼

별 세개짜리 캐주얼

격식있는 장소를 즐기는 것은 사치이기도 하고 솔직히 힘이 들기도 하다. 그 장소의 독특한 형식과 양식이 부담스럽기 때문이다. 격식있는 장소를 멋내지 말고 캐주얼 감각으로 즐긴다. 시류는 고급장소의 실질성만 남기고 양식은 벗어버리는 것이다. 프랑스 요리계에서는 비스트로가 유행하고 있다. 파리 다운타운의 서민적 인테리어에 종업원은 셔츠와 진바지 차림. 그래도 요리는 정통 프랑스요리다. 캐주얼 스타일로 별 세개짜리 고급 레스토랑에. 이「존재감각」이 받아들여지고 있다. 호텔도 형식적인 매뉴얼형 서비스는 그만두고 인간으로서 접하는 자세가 필요하지 않을까. 연미복에 나비넥타이같은 스타일보다도 서비스하는 마음이 더욱 중요하다. 호텔은 마음 편히 묵는 곳이니까.

이러한 형식을 벗어버린다는 것은 단순히 "캐주얼 감각이 편안해서 좋다"는 것이 아니다. 거품처럼 부푼 브랜드 지향에서 눈뜨고 실질적인 고상한 일상을 지향한다는 것이다. 유럽에서는 잠시 전까지만 해도 부엌에 있었을 것 같은 아저씨가 오페라를 보러 온다. 발에 안맞아 덜컥거리는 구두, 벌건 얼굴의 아저씨가 평상복 차림으로 오케스트라를 들으러 온다. 박수치는 법에도 규칙따위는 없다. 자기가 하고 싶은대로 하면 된다. 그래도 천박하지 않다. 즐기는 마음이 일류인 것이다. 고급 장소에 캐주얼 감각으로 들어가는 사람들이 늘어나고 있다.

갈수록 인기가 떨어지는 콧대높던 고급문화도 대중성에 기반하지 않고는 그 생사존립이 위협받자 격식을 갖춘 의식이 깃들어야만 어울릴 것 같던 여러 가지 것들이 점차 캐주얼화(대중화의 접목이라고도 할 수 있다)되고 있다. 미국의 경우에도 오페라의 티켓값을 싸게하니 일반대중이 많이 찾게 되었다는 보도가 있다. 간혹 음악회에 오는 캐주얼차림의 관객을 비아냥거리는 일부 평론가가 없는 것은 아니나 좀 더 고급감각을 일상성의 차원과 편안함의 차원에서 즐기겠다는 것을 말릴 수는 없다. 요즘 한참 인기가 있는 '열린 음악회'같은 프로그램도 이러한 차원에서 이야기 할 수 있다. 클래식과 대중음악의 만남, 딱딱한 클래식 차원이 아닌 소프트한 고전음악의 접목 등이 이러한 우리의 의식변화를 대변해 준다.

최근 전자 바이올린 연주로 세계적인 주목을 받으며 한국에서도 인기를 얻고 있는 바네사 메이같은 연주자는 복장부터가 파격적이다. 클래식을 전자 바이올린으로 켜는 것도 그렇지만 초미니 스커트를 포함한 시 쓰루 룩(See Thru Look : 속이 들여다보이는 패션)을 연상시키는 의상으로 인기를 얻고 있다니 캐주얼화의 물결은 이제 세계적인 추세다.

이제 무형식의 형식미가 새롭게 정립되지 않을까? 고급감각의 캐주얼화는 보다 넓은 차원에서 예술을 일상성의 차원에서 새롭게 자리매김할 수 있다.

선택

실질적인 사치

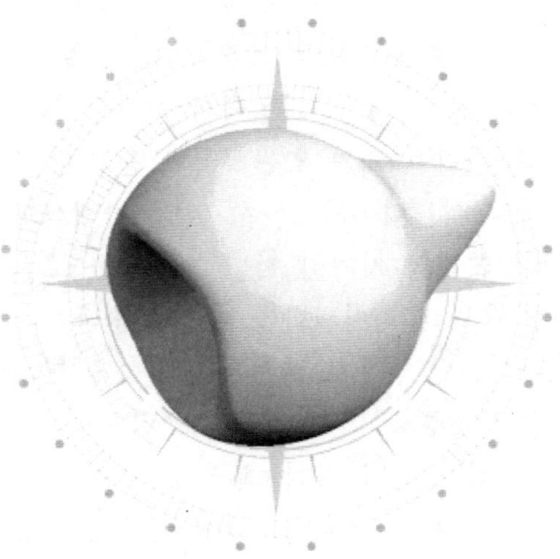

형식이나 양식미

포기

요식요욕(樂食樂浴)

樂食樂浴

 "우리집은 「먹고 목욕하는 즐거움」이 있어요. 이것만은 중
시하지요. 특별히 취미라고까지 할 건 없지만 매일 바쁘고
이것저것 손 대고 있을 시간도 돈도 없으니까요. 그대신 먹
는데 관해서는 도구나 재료를 모두 갖춰놓지요. 좋은 것을
골라 삽니다. 식사만큼에는 돈을 들이고 있지요. 그래도 즐
거운 걸요. 내가 직접 만들고요. 솜씨를 부려 보겠다고 마음
도 먹어보고요. 그리고 목욕탕도 화초를 놓거나 해서 향기를
내지요. 가급적 천천히 휴식을 취할 수 있도록 하고 있어요.
눈을 감고 명상에 잠기거나 말이지요. 매일 하는 일이니까
요. 먹는 것이나 목욕하는 것이나. 이것만큼은 확실히 해놓
았지요. TV라든가 자동차에 돈을 들이기 보다 왠지 여유있
다는 느낌이 듭니다".

 평탄한 시대라고 해서 생활까지 평탄해져 버려서야 인간의
희노애락을 느낄 수 없다. 그렇다고 모든 면에서 풍요로움을
추구할 정도로 여유롭지도 않다. 따라서 생활의 기본영역을
다져야 한다. 넓이보다 깊이를 말이다. 지금까지 덮어두었
던 생활의 기본영역이 재발견된다. 식비에 비중을 두는 「엥
겔 라이프」. 목욕 중심의 「프라이비트 헤븐」으로 바뀐다. 이
렇게 생각하면 무엇이든 다 갖춰진 생활보다 음식과 목욕을
중시한 여관이나 별식(別食) 결혼식이 더 매력적으로 느껴질
것이다.

별미 식당을 찾아 떠나는 식도락 사냥은 이제 익숙한 주말 풍경이다. 한집 건너 한대 꼴로 보급된 자가용 승용차로 전국을 누비며 '길 따라 맛 따라' 여행을 떠나는 현대인에게서 먹는 즐거움은 빼놓을 수 없을 것이다. 80년대 중반 이후 텔레비전이나 라디오 또는 유명한 미식가의 출판물을 통해 떠오른 '맛있는 집' 소문은 대한민국에 미식가 파동을 낳았다. 이제는 소박한 미식가들의 발길이 주말이면 서울근교를 맴돌고, 이들이 몰고나온 온갖 차량으로 북새통이 되고 있다. 식문화 연구가도 다수 등장했고, 이미 세계적으로 인정받은 「여행작가협의회」같은 전문적인 안목을 가진 식도락 모임도 생겨나고 있다. 끼니를 때우기에 급급했던 과거의 어두운 기억과 대조적으로 맛있는 음식을 찾아다니며 즐기는 모습에서 생활의 여유를 찾고자 하는 사람들이 많아졌음을 느낀다.

사람이 비피할 곳을 찾으면 배고파지고, 배를 채우면 깨끗이 씻고 편히 쉬고 싶어진다. 식문화 발달과 더불어 근래들어 여유로운 목욕문화에 대한 소비자니드가 확산되는것도 자연스런 현상인 셈이다. 다양한 목욕상품이 등장하고 「바디네트」와 같은 목욕용품 전문점도 찾아볼 수 있는 시대가 되었다. 이러한 목욕문화의 성장 이면에는 가정의 욕실을 하나의 독립된 공간으로 생각하는 인식이 있다. 단순히 몸을 씻는 일차적 목적에 더해 화장을 하고 속옷을 갈아 입고 때로는 음악도 듣는등 생활의 여유를 즐기는 휴식공간으로 욕실이 자리잡아 갈 가능성이 높음을 보여준다.

　　직장인의 자유로운 아이디어 발상의 차원에서 「목욕회의」도
등장하는 이 시대에 樂山樂水의 즐거움이 樂食樂浴의 즐거움
으로 다시 태어나고 있다.

선 택

기본영역을 다진다

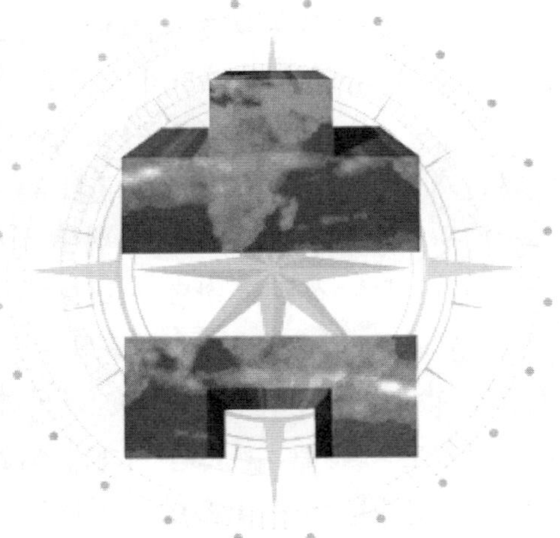

활동영역을 넓힌다

포 기

단체와는 굿바이!

단체와는 굿바이!

　판매윤리에서 단체손님은 매우 중요하다.　주문이 한꺼번에 온다.　여관이면 어느 방이나 꽉 채울 수 있다.　수학여행은 몇년 전에 예약을 해야 한다.　그러나 생활인 측에서 볼때 단체취급을 받다보면 불만이 남는다.　모두 함께「처리」되어 버리는 느낌이 들기 때문이다.　그래도 옛날에는「단체면 싸니까 할 수 없다.　싼 편이 좋고」라며 손님이 참았다.　그러나 지금은 가만히 있지 않는다.　조금 비싸도 개인으로 대접받고 싶다는 욕망이 강해졌다.　판매하는 측도 단체가 이익율이 적다.　특히 오늘날에는 가격을 낮추기위해 비용을 절감하는 시대이다.　상점의 품격도 단체용이라면 한단계 낮게 보인다.

　단체를 거절하는「단절(團絕)」전략을 취하는 기업이 늘어나고 있는 것도 전혀 이상하지 않다.　단체를 거부하고 개인이나 소수를 상대로 하려면 새로운 판매전략이 필요하다.　저렴한 가격뿐만 아니라 개인을 존중한 쾌적함을 제공해야 한다.　개인우대 트렌드를 따라, 한사람의 여행객을 기꺼이 재워줄 여관이 늘어났으면 한다. 혼자 가벼운 여행을 즐기고 싶어하는 방대한 수요를 받아들일 곳이 아직은 적어서 갖는 바램이다.　그룹을 거절하게 되면「노손(老孫) 파크」도 단절의 전략이 될 수 있다.　지금까지는 노인단체와 학생단체가 테마파크의 주고객이었으나 노인과 손자들이 함께 즐길 수 있는 개념의 테마파크도 늘어날 수 있다.　단절의 시대이니까.

　심리학자 매슬로(Maslow)의 인간욕구 5단계중 4단계는 '자아욕구'로서, 자율적으로 행동하며 주위로부터 인정이나 관심을 얻고자 하는 욕구이다. 여행객 심리를 보더라도 처음에는 비록 단체여행이지만 여행을 간다는 자체만으로도 만족할 수 있지만, 그 횟수가 많아지면 자기 마음대로 일정이나 관광지를 선택하고 싶어지는 '자아욕구'가 등장하는 것을 볼 수 있다. 그래서 그런지 요즘은 안내원 지시대로 일사불란하게 움직이는 제약 많은 패키지 여행을 거부하는 사람들이 늘고 있다. 조금만 늦게와도 눈총받고 단체 손님인 것이 허물이나 되는 듯이 싸구려 취급받는 패키지 여행을 거부하고, 자신의 관심에 따라 여행지와 여행일정을 정해서 혼자 떠나는 사람들이 많아지고 있다. 대표적인 예가 해외 배낭여행. 요즘 여행사에서 내는 배낭여행 광고를 보면 항공권이나 숙박권 같은 최소한의 것만 제공할 뿐 나머지 프로그램은 모두 여행자가 계획할 수 있다는 「자유여행」 강조 광고가 부쩍 많아졌다. 특히 배낭여행 유경험자를 유혹하는 이 여행상품들은 소비자 반응도 좋아 한동안 인기를 누릴 것으로 보인다.

　자유를 만끽하며 세계속의 나를 느끼려는 대학생, 직장인, 주부 가운데 주로 노련한 배낭여행파들은 자신이 직접 여행지의 유명축제나 레포츠시설, 기타 볼거리를 알아보고 찾아가는 이른바 「셀프서비스 여행」을 개발하고 있다. 이런 여행을 떠나기 위해서는 미리 해당 관광청 한국사무소나 여행사를 통해 현지 사정을 꼼꼼히 공부해야 하지만 그것부터가 재미이고 세련의 증거다. 제대로 손님대접 받으며 일어나고 싶을 때 일어나서, 먹고 싶은 것 사먹고, 가고 싶은데 가서, 있고 싶은 만큼 있다가 돌아오는 자유여행! 그것이 바로 여유있는 사람의 참된 여행이 아닐까?

1인당 국민소득 1만불시대를 맞아 개인의 여행경험도 더욱 늘어날 것으로 보이는 내일의 한국에서는, 인간욕구 5단계인 「자아실현 욕구」에 소구하는 새로운 여행상품도 필요하지 않을까 생각한다.

선.택
개인존중

단체손님의 유리함
포.기

쾌율화

快率化

　효율화라는 벡터(Vector)를 따라 치달렸던 70년대까지의 일본. 쾌락이라는 벡터를 따라 달려왔던 80년대의 일본. 그러나 오늘날 상승 벡터를 갖고 있지 않은 사회 속에서는 따라가야 할 벡터가 보이지 않게 되었다.

그러나「효율화의 즐거움」과「쾌락의 유쾌함」을 맛본 사람들은 양쪽을 아우른 쾌율화를 모색하기 시작했다. 예전의 벡터처럼 확실한 방향성이 없는 가치이지만 그 애매모호한 안도감 속을 천천히 표류하기 시작했다.

　레스토랑에서도 푹신한 의자에 앉아 풀코스 요리를 먹고 있으면 물론 유쾌해진다. 그러나 두둑하지 않은 주머니 사정으로는 터무니없는 이야기이다. 그렇다고 셀프서비스 식당에서 먹으면 효율적이기는 해도 왠지 마음이 바쁘다. 그래서 하이 카운터에서 와인을 마시며 근사한 고급요리를 즐길 수 있는 레스토랑이나 맛과 분위기는 일급이나 메뉴는 한 가지밖에 없는 프리픽스 레스토랑(Pre-Picks Restaurant)에 사람들이 모여든다. 저렴한 가격만을 내세우지 않는 효율 추구는 고급감각과 품질만을 내세우지 않는 쾌락 추구로 이어진다. 편의점이나 슈퍼마켓도 편리하고 싸기는 하나 가끔은 생선가게에서 생선 한마리를 살 때 가게주인한테 얻어듣는 정보가 그리워진다. 이러한 기분을 적절히 안배해 주는 쾌율화한 상점이 앞으로의 유행이 될 것이다.

느리게 번져나가는 색소폰 음률, 은은한 간접조명, 벽면에 즐비하게 늘어선 이름 모를 양주병들. 외국영화에서나 봄직한 새로운 개념의 양주 칵테일바가 93년 9월에 처음 문을 연 후 지금까지 꾸준히 늘고 있는데 이는 앞으로 계속될 것으로 보인다. 국내외 60여종의 양주로 200여종의 칵테일을 팔고 있는 칵테일 전문점 일명「원샷바」. 칵테일 한 잔당 가격은 3천 ~ 5천원 정도이며 땅콩, 팝콘 등의 가벼운 안주가 무료로 제공된다.

양주는 고급 술집에서 비싼 가격에 병째로 구입해야 하기 때문에 애주가에게는 부담이 있었던 종목이다. 그런데 분위기는 고급스럽게 유지하면서 고급술을 잔술로 부담없는 가격에 판매하는 칵테일바는 젊은 직장인들을 중심으로한 현대인에게 고급스러움과 경제성을 함께 제공하고 있어 인기가 높다.

커피 한 잔 값으로 고급 양주를 즐길 수 있는 칵테일바, 각종 와인을 잔으로 파는 와인 전문 체인점등의 인기는 양(量)보다 질(質)을 선호하고 고급품을 즐기는 소비자 심리 변화에 따라 앞으로도 계속될 것이다. 이미 높아진 생활수준을 후퇴시킬 수 없어서 한가지에 집중투자하는 일본과 달리, 한국에서는 경험하지 못했으나 각종 매스미디어를 통해 알게된 질(質)높은 삶에 대한 동경이 있다. 그러나 아직은 주머니 사정이 안따라주니 고급품도 쾌락도 맛만 볼 수 밖에 없지만 그것만으로도 행복하다. 그러니까 고급감과 경제성을 추구하는 효율적 쾌락개념은 신사업 준비자가 한번쯤 체크해봄직한 항목!

선택

납득에 의한 만족

효율과 쾌락에 의한 만족

포기

50km 파라다이스

50km 파라다이스

　통근시간 1시간은 가까운 편, 2시간이 걸리는 경우가 결코 드물지 않은 수도권. 거품경제가 붕괴한 이후 토지가격은 계속 내려가고 있으나 동경하는 단독주택은 아직 그림의 떡이다. 그래도 기왕이면 넓은 집이 좋다고 도심에서 50km 이상 떨어진 원거리의 단독주택을 선택하는 사람들이 많아지고 있다. 「원거리 호화주택」인 것이다. 예를 들면 JR(일본국철) 도카이도선으로 도쿄역에서 50km, 전차로 약 1시간 걸리는 쇼난의 후지사와, 수입 주택같은 호화주택이 즐비하게 늘어서 있는 곳이다.

　"땅을 살 수 있다고 해도 손바닥만한 크기니까요. 작아도 건물과 설비에는 신경을 썼어요. 빛과 바람이 통하는 길도 생각했죠. 가족이 마음 편하게 지내는 것이 가장 중요하니까요." 정말로 원하는 것은 토지보다 집과 여유있는 삶이다. 그래서 「건물이 최고」라는 주의가 생긴 것이다.

　이러한 생활 유토피아 지향자의 휴일은 즐겁다. 편리하지만 무엇을 하든 돈이 드는 도심과는 달리 그저 바다를 바라보는 시간과 공간을 여유있게 접한다. 또는 가족 단위로 스포츠나 사이클링을 즐긴다. 마음과 몸이 상쾌해진다. 따라서 스스로 무엇인가를 창출해내는 취미도 최고이다. 그리고 여유감각을 소중히 여기는 서클과 상점이 생긴다. 여기에 같은 파장을 지닌 사람들이 모여들어 범위가 넓어진다. 이렇게 해서 유토피아 지향자의 「타운」이 생기게 되는 것이다. 거기는 분명 멀기는 해도 인간다운 여유와 에너지가 넘쳐 흐르는 「50km 파라다이스」인 것이다.

　　교통문제와 대도시 주택문제는 일본이나 한국이나 사정이 비슷하다. 한국에서도 남들은 떠나지 못해 안달하는 시골로 살러 내려오는 사람들이 늘고 있다. 회사원 L씨는 지난해 경기도 양평에 직장생활 6년동안 모은 4천여 만원을 낡은 농촌주택 2채가 딸린 대지 1백여평, 밭 2백 50평 등에 투자하여 전망좋은 전원주택을 하나 얻었다. 손수 잔디씨를 뿌려 잔디를 가꾸고 철따라 꽃을 볼 수 있도록 집둘레에 꽃나무며 과실수를 심고, 집근처 시냇물가에 조그만 원두막을 설치, 낚시도 즐길 수 있도록 배려하는 등 이제는 동네에서도 명물이 되었다. 심지어 어떤 전원주택 구입 희망자들은 "아예 집을 팔 수 없느냐"며 1억원을 호가하는 거금을 제안하기도 한다. 서울에서는 집장만하려고 아무리 뛰어봤자 지금의 월급으로 이런 그림같은 집을 가질 수 있겠느냐고 반문하며 전원생활에 만족해하는 그는 "출퇴근도 처음이 힘들지 반복되면 습관이 된다"며 자기집 소유에 매우 즐거워한다.

　　공해, 교통지옥, 좁은 집에서 스트레스 받고 사느니 넓은 내 집에서 자연과 함께 살겠다는 파라다이스파는 고속전철이 개통되거나 전철망이 확대될수록 더욱 늘어날 것이다. 각종 전철 공사가 수도권 밖으로 연계되어 진행되는 96년 이후에는 「원거리 파라다이스족」이 되어보는 것도 좋을 듯.

선 택

생활의 여유

도심의 편리함

포 기

도쿄 프로방스

  소설과 TV에서 소개하는 남프랑스 프로방스의 생활은 많은 사람들의 동경의 대상이다. 자연과 공존하는 삶. 계절의 변화를 피부로 느끼면서 살아가는 생활. 결실과 수확……. 사람과 물건으로 가득찬 콘크리트 정글이 잃어가는 매력이 프로방스에는 가득 넘쳐나고 있다. 그러나 도시의 편리함을 버리기는 어렵다. 전기나 수도가 고장나도 금방 수리하러 와준다. 정보도 가득하다. 비싼 돈을 내고 물욕을 채우기에는 질리고 유행에 휩쓸리기에도 지쳤지만 도시생활에서는 역시 벗어나기 어렵다.

  그렇다면「도쿄 프로방스 생활」을 하면 어떤가. 도시에 살면서 자급자족을 즐기는 것이다. 물론 도시형 SOC(Social Overhead Capital : 사회간접자본)를 다소 포기하지 않으면 안된다. 예를 들면 아무것도 사지않고 스스로 만들어 본다. 베란다나 정원에 작은 화원을 만들거나 박하를 키워 본다거나. 오후의 차 한잔은 직접 만든 박하차와 당근 쿠키로 하면 어떨까. 직접 만든 파스타 국수는 틀림없이 맛있을 것이다. 「4평짜리 숲」을 만들어도 좋다. 손으로 만든 의자에 앉아 독서와 낮잠을 즐긴다. 방에도 전기를 끄고 촛불을 밝히면 어두운 정적이 찾아든다. 한번 해보면 전원의 기분을 느낄 수 있다. 생활도 이전보다 풍요로와지고 무엇보다도 즐거워진다. 피터 메일 (베스트 셀러인「남프로방스의 30일」의 작가)은 「왠지 어중간하다」고 웃을 지도 모른다. 하지만 도쿄 프로방스는 도시인에게 반드시 필요한 것이리라.

　도시인의 생활은 윤택해진 만큼 무미건조해지기도 쉽다.　가정을 꾸리고 아이들을 가지면서 마음 한구석에 항상 모자라는 것은 고향에 대한 향수요, 갖고 싶은 것은 고향 전원의 풍경이다. 애초부터 자신의 고향이 도시인 사람들도 자신의 2세들에게는　흙냄새 나는 정감있는 어린시절을 갖게 해주고 싶은 마음이 간절하다. 전세계적으로 그린운동(환경운동)이 확산되면서 환경친화적인 삶에 대한 향수는 모두의 간절한 바람이다.

　그러나 도시인은 도시를 떠나서 살 수 없는 것이 현실이기도 하다. 현실을 버리자니 잃는 것이 너무 많고 현실에 안주하자니 회색빛의 그늘이 싫다. 결실과 수확이 자신의 삶에 투영되기를 원하는 회색빛의 도시인들은 자신이 가진 공간에서 자연생활을 누리고 싶어한다.　그래서 서울과 같은 대도시의 아파트에는 자신만의 실내정원을 가진 사람들이 많다. 조그만 분수를 꾸미고 매일 물을 주고 돋아나는 싹을 보면서 일류 정원사인 자신의 모습에 흐뭇해 하는 것이다.

　주말농장이라는 것도 생겼다. 주말에 자신에게 분양된 밭뙈기를 아이들과 함께 일구면서 노동의 소중함과 마음이 풍요로와지는 여유를 느낄 수 있다. 도시의 세련된 감각보다는 약간은 원시적인 자급자족적 생활을 삶의 한구석에 장만하려는 사람들이 점점 많아지는 것이다.

　반면 도시를 떠나 살 수 없는 사람들에게 도시는 집적된 자산을 제공한다. 자급자족의 만족감을 직접 주지는 못하지만 도시라는 유기체는 원인제공과 함께 실마리를 준다. DIY제품

(Do It Yourself : 반조립식 제품으로 자신이 원하는 것을 만들 수 있다)들도 등장했고 각종 생활문화 센터에서는 그러한 토양을 제공한다.

가처분공간

可處分空間

　　자기집 가운데 물건이 차지하지 않은 공간이 몇평 정도 있는가를 생각해 본다.　예를 들면 70평 맨션에서 50평이 물건으로 가득차 있는 사람은 자유롭게 사용할 수 있는 공간이 20평밖에 없다.　자기집에서 물건이 없는 공간의 넓이는 새로운 풍요의 척도가 아닐까?　앞으로는 연면적이 아니라 주거자의「처분가능한 공간」을 넓히는 움직임이 대두할 것이다. 실내의 주역은 공간을 차지하는 물건에서 공간을 사용하는 사람으로 바뀐다.　인테리어 감각도 "어떻게 하면 놓지 않을까?"로 변화한다.

　　이러한 시대의 상품에는 어떻게 하면 컴팩트하게 기능을 담을 수 있는가가 요구된다.　거품경제기에 가정에는 자동차나 가전제품 등 대형화의 물결이 밀어닥쳤으나 지금은 AV기기나 PC의 경우 컴팩트 이노베이션이 한창 유행하는 중이다. 마찬가지로 에어컨, 청소기, 조명기구, 세탁기 등 모든 가전제품이 컴팩트하게 만들어져야 한다.　「축소가전(縮小家電)」이 가처분 공간을 넓힌다는 도식이 된다.　집에 넘쳐나는 책이나 잡지, 사진도 CD-ROM이나 전자북, 포토CD로 디지틀화해 버리면 가처분 공간은 더욱 넓어질 것이다.　멀티미디어도 집공간과의 관계를 생각하면 정보기기로서뿐만 아니라 축소가전적인 의미를 갖게 된다.　또한 자동차 운전수에 있어서 차내 가처분 공간, 주민에 있어서 마을의 가처분 공간의 확대도 앞으로의 과제이다.

좁은 수도권에서 갈수록 집마련이 어려워지는 것은 일본이나 한국이나 비슷한 형편이다. 넓은 집에 대한 동경은 누구나 있지만 집장만하기는 요원하다. 그래서 현실과 이상의 타협점으로 최근 인기를 끌고있는 것이 조립식 가구이다. 집안의 구조와 자기 취향에 맞게 가구 모양을 바꾸거나 크기를 조절할 수 있는 조립식 가구와 접었다 폈다 할 수 있어 사용하지 않을 때에는 공간을 줄일 수 있는 접이형 가구의 인기가 높아지고 있다.

화분받침대와 각종 진열장을 생산했던 「파란들」의 경우, 좁은 아파트 공간을 효율적으로 쓰고 싶어하는 주부들의 니드(Need)를 간파하여 빨래건조대와 쌀통에 이어 옷장을 두기에는 다소 좁은 방을 위해 개발한 ㅡ자형 옷걸이, 3단/ 5단수납바구니등과 같은 공간활용형 아이디어 상품들로 파란들은 87년 59억, 89년 190억, 91년 300억으로 매년 50% 신장이라는 기록적인 성공을 거두었다.

갈수록 인구가 늘어만 가는 대도시의 좁은 집에서 살아가고 있는 현대인들에게 최대한의 자유 공간을 제공해 줄 수 있는 제품이라면 앞으로 그 인기는 더욱 치솟을 것이다. 각종 벽걸이 제품, 붙박이 제품, 컴팩트 제품을 상상해 보면 그것이 장사 밑천.   벽걸이 TV, 벽걸이 오디오, 붙박이 장, 붙박이 침대, 버튼하나로 밑에서 올라오는 응접세트, 천장에 매달린 주방세트, 냉장고와 쌀통과 전자렌지의 복합형, 가스렌지와 커피메이커, 전기밥솥의 복합형, TV나 오디오 리모콘과 무선전화기의 복합형……

　　이제는 주택사업자도 과거의 좌우 넓이중심 공간개념에서
이제는 상하 부피중심 공간개념을 도입, 가처분 공간을 늘려
가는 지혜가 필요할 것이다.　하지만 점점 인간사도 가처분인
생(可處分人生)이 느는 것은 아닌지.

선 택

공간의 풍요로움

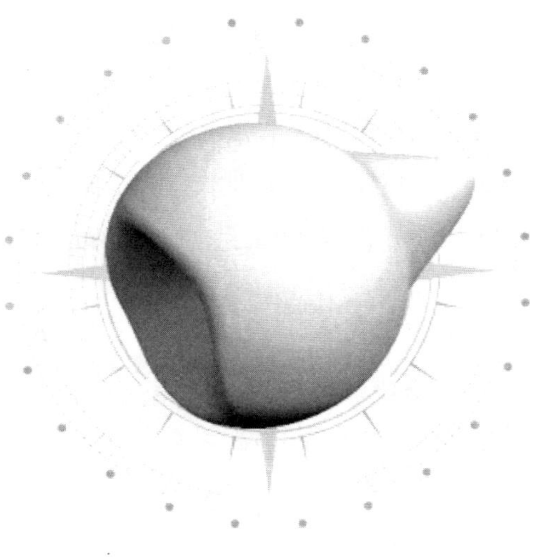

물건의 소유량

포 기

하비우스(Hobbyouse)

하비우스(Hobbyouse)

　집은 생활을 위한 공간이다.　따라서 거실, 침실, 부엌, 욕실, 화장실 등의 다양한 기능이 필요하다.　그러나 좁은 면적에 일일이 필요한 것을 모두 채워넣는 것도 무리가 아닐까? 같은 면적이라도 획일화된 3LDK(거실-Living Room, 식당-Dining Room, 부엌-Kitchen)가 아닌 다른 방법으로 설계해 보는 발상이 필요하다.　어중간한 「이것도 저것도」 배치주의를 버리고 자신의 취미나 삶의 방식을 반영한 집을 짓고 싶다. 이것이 Hobby House, 생략해서 「하비우스」라고 한다.　예를 들면 "잔다"는 것을 주개념으로 지어진 주택(아주 컴팩트한 LDK에 호화로운 침실)이나 애완동물과 함께 살 수 있도록 특화된 맨션.　술을 마시기 위해 만들어진 집도 좋다.　이전에는 집안이 욕실인 집을 본 적이 있는데 집안 전체를 부엌으로 만드는 발상도 가능하다.　노는 것도 육아도 자는 것도 부엌에서 하는 것이다.　또한 집안의 충실화가 아니라 집에서 바라보는 전망에 중점을 둔 집을 만들 수도 있을 것이다.　커다란 창문을 버리고 자그마한 관찰 창문을 많이 달아 조류관찰을 위해 설계된 집.　남향의 햇볕이 잘드는 창을 버리고 북측으로 커다란 창문을 달아 북극성을 볼 수 있는 집.　한편 디지틀 기기에 둘러싸인 우주선같은 주택을 쾌적하다고 생각하는 사람도 있을 것이다.　넓은 거실과 편안한 소파를 전부 버린 집.　차고 이미지를 살린 집.　컴퓨터와 주변기기에 파이프 의자만이 한개,　벽장에는 모델총이 진열되어 있다.　방에 붙여놓은 제트기 사진을 바라보며 잠이 든다.　그 사람의 이름은 바로 「가레지안」(Garagean).

집도 개성시대, 하우스피아를 건설한다

　집은 생활을 위한 공간이지만 거기에 사는 사람과 어우러질 때 나름의 멋을 발한다. 국민소득 1만불시대를 맞으면서 우리 생활의 여러 구석들이 각자의 개성과 취미에 맞게 재가공된다. 경제력을 가진 도시 생활자가 늘어나면서 거실, 부엌, 침실이 필수공간으로 인식되던 생활에 있어서도 변화가 모색되고 있다. 사무실과 같은 오피스텔이 유행하는가 하면 의식주공간이 하나로 된 원룸이 인기를 끌고 있다. 생활의 편리함과 나만의 개성, 그리고 각자의 취미가 어우러진 결과이다.

　모든 것이 특화되는 세상이라 할 만하다. 재택근무가 서서히 활성화되면서 주택의 사무실화도 진전된다. 그렇다고 모든 사람들이 이러한 추세를 따르는 것은 아니지만 '잔다'는 개념만으로서의 집은 더 이상 존재하지 않는다. 집은 자신의 취미공간이 될 수 있다. 여행을 좋아하는 사람들은 여행지에서 구한 물건들로 멋지게 집을 장식할 줄 안다. 고풍스런 박물관형, 대담한 원색과 군더더기 없는 디자인의 미래파형, 토속적인 느낌이 살아있는 전원풍경형 등 센스를 갖춘 집주인의 개성이 돋보이는 꾸밈이 늘고 있다.

　현대는 즐거움과 아름다움 그리고 자신의 취미를 즐길 수 있는 시대이다. 이러한 시대의 집은 단순한 주거보다 개성과 쾌적함을 추구하는 공간이 된다. 자신의 주거공간을 직접 꾸미지 못하는 사람들을 위해서는 콘도, 리조텔, 별장, 오피스텔, 스튜디오를 활용하는 복수주거의 삶이 전개된다. 현대는 호(好)·낙(樂)·미(美)·취(趣)의 강한 주관시대라 할 만하다.

선 택

집의 취미성

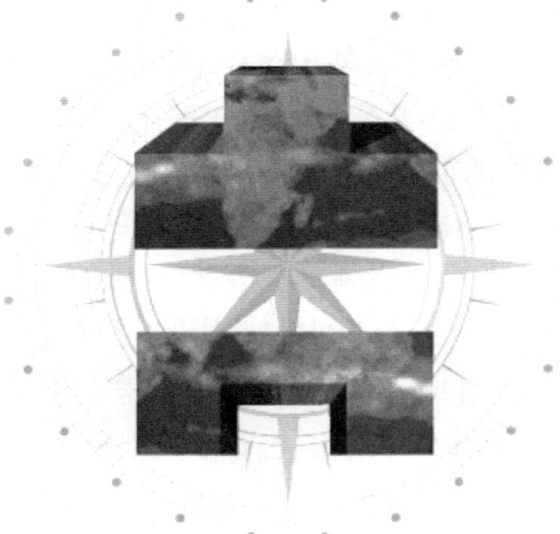

집의 기본기능

포 기

맥심 드 코타즈
(Maxim de Cottage)

맥심 드 코타즈
(Maxim de Cottage)

　상승곡선을 그리는 시대에는 커다란 만족을 얻기 위해서는 돈이 필요했다. 일류 상점에 가서 일류 음식을 먹는다. 이것이 풍요로움이라고 생각했다. 그러나 진정한 실체는 어떠한가? 평탄한 사회는 이런 질문을 제기한다.

　자신이 좋아하는 것을 자기식으로 맛을 내어 양껏 먹는다. 진정한 풍요로움은 「외식(外食)」보다 집에서 먹는 「내식(內食)」에 있는 것이 아닐까? 일반인이 손에 넣을 수 있는 요리의 증가는 「내식」의 풍요로움을 자각케 했다. 츠키지 시장(우리나라의 노량진 수산시장과 같은 도쿄의 수산시장)에는 참치나 연어알을 사러 오는 「초심자 도매상」으로 매일 시끌시끌하다. 신선한 연어나 고등어를 통채로 사러가는 「쇼핑 투어」도 인기가 있다.

　내식의 충실화뿐만이 아니다. 생각해 보면 집안은 폐점시간도 없고 아무리 떠들고도 남 신경쓰이지 않아서 좋다. 그리고 하드웨어로서의 집 기능을 충실화한다. 가정용 통신 가라오케에서 입체 TV, 가정용 종이분쇄기, 엘레베이터까지. 외부에서나 볼 수 있던 것을 가정내에 설치하게 되어 안과 밖의 차이가 줄어들었다. 외부에 돈을 들였던 트렌디 드라마(Trendy Drama)의 세계에도 내적인 장면이 늘어났다. 냄비에 둘러앉아 「밤에 먹는 냄비요리」. 마음 속 애기까지 털어놓을 수 있는 것도 이러한 세계이기 때문에 가능한 것이다. 돈에 신경쓰지 않는 즐거운 생활. 일정한 예산으로 만족은 극대화한다는 계획. 이것이 바로 평탄사회를 걷는 방법이다.

한국에서도 밖으로 나돌기 보다는 집안에서 모든 욕구를 해결하려는 사람들이 많아지고 있다. 일명 「둥지족」, 「나홀로족」이라고 불리는 이들은 집안가꾸기나 집안의 각종 장치 마련에 특히 관심이 많다.

둥지족은 무엇보다도 가정의 단란함과 안락함을 추구하는 이들로 본격적인 핵가족화가 정착되고 가정내 여성의 지위가 상승됨으로써 나타난 새로운 소비계층이다. 바깥에서 얻는 사회적 출세보다 집안에서 느끼는 가정의 단란함에 더 가치를 부여하기에, 노래방에 가는 것보다 노래방 시스템을 집안에 사두려하고 극장에 가기보다 대형 컬러TV를 구입하여 온가족이 시청하는 것을 더 좋아한다. 근래 패밀리 레스토랑이 성공을 거두고 시스템키친, 홈인테리어용품, DIY용품 등이 매출신장을 보이며 각광받는 것도 같은 맥락에서 이해할 수 있다. 94년도에 TV와 오디오 제품을 연결하여 가정에서 노래방 분위기를 연출할 수 있는 가정용 LDP 시장이 1천억원대에 이르게 된 것이나, 옥소리 WS32MEF와 같은 멀티미디어 사운드 카드가 월 2만개 이상의 판매실적을 올린 것도 둥지족과 같은 소비자 심리가 저변에 있었기에 가능한 것이었다.

한편 '나만의 공간'으로서 편안하게 일하고 쉬며 즐길 수 있는 공간이자 외부의 방해를 받지 않고 혼자서 모든 것을 해결하는 공간으로서 집을 새롭게 자리매김하는 사람들이 늘고 있다. 한 건물 안에 생활을 즐길 수 있는 놀이공간과 휴식공간, 업무공간이 모두 함께 있는 곳이 점점 늘어나는 것은 그

때문이다.

내방 외에도 또다른 나만의 공간을 원해 등장하는 것이 오디오룸, 서재, 컴퓨터방, 화초실이고 창고를 개조해 책보는 공간을 만드는 것도 같은 맥락에서 등장한다. 이러한 현상이 심화되어 나타난 것이 일명 「나홀로족」의 출현이다. 이들은 바깥생활과 대인관계에 지쳐 혼자가 제일 편하고 좋다는 생각을 가지고 있다. 「집안에 있을 때도 여가를 즐길 때도 혼자(Home Alone, Play Alone)」이고자 하는 그야말로 '나홀로족'이다.

한편 공간개념의 변화에 있어서 중요한 것은 '제3의 공간'인 자동차다. 단순한 주거개념으로서의 집보다도 필수적으로 갖추어야할 공간개념으로 자동차가 떠오르고 있다. 자가용은 음치에게도 혼자만의 노래방이 될 수 있으며 많은 시간을 보내는 생활공간으로 손색이 없으니 「Maxim de Car」의 시대도 오지 않을까?

일등급의 완행열차

일등급의 완행열차

　경제가 상승곡선을 그렸던 시대에는 사람과 사물의 이동도 상승세였다. 성장곡선의 기울기를 결정했던 요소는 속도. 즉 사람들은 경제생활 뿐만이 아니라 여가생활도 고속화시켜 버렸다. 그러나 현재 사회의 평탄화가 지속됨에 따라 여가생활에까지 고속화의 필요가 있을까 하는 의문이 생기게 되었다. 고품질 여가란 고속 이동에 의해 가장 빨리 목적지에 도달하여 거기서 행동으로 여가활동을 하는 것 뿐일까?　생산활동 이외의 부분까지 효율이 필요한 것일까.　서둘러 가려고 하니 교통정체로 마음이 초조해진다.　시간에 쫓겨 의무처럼 여가를 보내 버린다.　천천히 이동하는 것,「슬로우 모빌」이 지금 이야말로 필요한 때이다.

　속도와 효율을 포기하고 이동과정을 제일로 생각해서 발전시킨다.　여행 형태도 목적지를 효율적으로 돌고 많은 관광자원에 접하며 조금이라도 많은 경험을 마음과 카메라에 담아둔다.　이러한 경제효율적인 여행을 과감히 버리자.　천천히 이동하면 당연히 주위를 돌아볼 여유가 생긴다.　하나하나의 풍경이 보다 마음에 확실히 와닿는다.　작은 즐거움과 많은 사람에 접한다.「이동시간을 쓸데없는 시간」으로 보지 않고 「이동」자체가 즐거움을 낳는 원천이라고 생각해 본다.　그러면 전국을 달리고 있는 완행열차가 여행하고픈 마음을 불러일으키는 보배로 보일 것이다.

요즘의 한국사람들에게 여행은 아직까지 목적지 중심적이지만, 여행경험이 많아질수록 여행과정을 즐기는 것이 새로운 '세련됨'으로 부상할 것이다. 이미 여행과정을 즐길 수 있는 상품이 등장했는데, 그 예가 95년 5월 정식 취항한 인천-제주간 카페리. 정원 5백명 규모의 선박인 인천-제주간 페리호는 승객 외에 많은 차량도 한꺼번에 적재할 수 있다. 16시간 30분 동안 인천에서 제주까지 항해하는 페리호 안에는 다수의 침실석과 객실뿐만 아니라 매점, 레스토랑, 노래방, 전보취급소, 단체객실 겸 회의장, 오락실, 샤워실 등을 갖추고 있어 긴 뱃길여행을 다채롭게 만끽할 수 있도록 배려하고 있다. 기차여행과는 또다른 묘미를 느낄 수 있는 뱃길여행에서 어떤 나그네는 바다의 향기를 물씬 느끼며 각종 여흥을 즐기다 보니 제주에 닿아서는 할 것이 없어 그냥 돌아설 지도 모를 일이다.

한편 주중에 떠나는 관광열차도 인기대열에 올라서고 있다. 보통 수요일이나 목요일에 운행되는 관광열차는 계절에 따라 적절히 선정되는 행선지로 사람들의 흥미와 관심을 유발하고 있다. 관광열차안의 흥겨움은 또다른 재미가 되겠지만 가뿐한 마음으로 떠나는 여행길에 자신의 삶을 반추해보는 것도 의미있는 일일 것이다.

정적인 여행과정은 동적인 여행의 흥겨움을 숙성시켜 삶의 깊이를 더해준다. 풍경과 정감이 어우러지니 삶의 완상(玩賞)도 이만하면 일등급(一等級).

선 택

과정을 즐긴다

목적을 즐긴다

포 기

여유만만

여유만만

　아무것도 갖지 않는 인생철학. 집은 평생 전세집. 이사하면서 여러 곳의 생활을 맛본다. 트렁크 룸도 빌려서 방은 언제나 넓고 쾌적하게.　레저용 자동차는 그때마다 렌탈. RV(Recreational Vehicle)와 함께 캠핑용품도 빌린다. 평소에는 걸리적 거리는 관혼상제용 옷도 렌탈. 어차피 쓸모없어질 것이니 아이의 기저귀나 유모차도 렌탈. 컴퓨터도 개인용 리스를 시작하고 있다.　디지틀 기기는 소프트웨어와 함께 개발 사이클이 빨라져 사고 후회하는 경우가 많아지기 때문이다.

　무엇인가를 '소유한다'는 것도 좋지만 '갖지않고 사용을 즐긴다'는 가벼운 생활이 더욱 풍요로운 것이다.　의식주에서 교제, 여가까지 생활의 한 장면을 연출하기 위해서는 무대도구로서의 물건이 필요하다.　렌탈 인생은 생활의 무대도구를 그때마다 빌려 장면만을 소비하는 것이다.　사물 자체에 얽매이지 않고 물건을 소비하는 시간에 집착한다.　따라서 '일이 끝나면 스키용구나 여행가방도, 파티 드레스도 모두 안녕'인 것이다.　재화의 보유자로서의 기쁨과 결별한 대신 다채로운 시간을 음미하는 네트워크의 가벼운 인생.　24시간 영업하는 편의점이 1층에 있는 맨션으로 이사한 어느 친구는 냉장고를 버렸다.　편의점의 냉장고가 언제나 신선한 상품을 채우고 있다는 것을 생각하면 우리집 냉장고보다 편하다고 생각했기 때문이다.　렌탈하는 사람들을 위한 인프라가 정비되고 있다.

한 때 「무소유(無所有)」라는 책으로 베스트셀러를 기록한 법정스님은 책에서 자신의 취미는 '무취미의 취미'라고 말했다. 사람에 따라 이에 대한 해석도 천차만별이겠지만 물욕과 소유욕에 얽매이지 않은 여유있는 인생관을 대변해 준다 하겠다.

올해에는 특히 신개발상품의 라이프사이클 단축 및 소비자의 실용적인 상품이용 욕구 추세를 등에 업고 각종 상품을 빌려주는 렌탈사업이 호황을 누릴 것으로 예상된다. 종래에 한국인 특유의 소유욕은 '사촌이 땅을 사면 배가 아프다'는 것이었다. 그러나 그러한 개념도 서서히 붕괴되고 있다. 가장 큰 이유는 삶을 즐기겠다는 마음의 변화다. 다채로운 인생을 경험하며 살겠다는 마음은 싼 값으로 만족을 느낄 수 있는 「대여인생관(貸與人生觀)」을 낳았다.

레저생활이 붐을 이루면서 목돈이 없어 스키를 장만하지 못한 사람들도 스키렌탈을 이용하여 레져생활을 할 수 있다. 대학생을 중심으로 한 젊은이들의 주말 카렌탈도 인기상승중이다. 소유하면서 생기는 부대적 책임같은 것은 지지 않아도 된다. TV에서 냉장고, 심지어 컴퓨터까지 제공되는(빌려주는) 원룸 하숙집도 인기대열에 올라섰다. 우스개 소리같지만 애인도 렌탈시대다. 연애경험을 풍부하게 갖겠다는 신세대들은 서로에 대한 배타적 권리를 주장하기 보다는 계약적 연애로 만나고 헤어진다. 뿐만아니라 이제는 결혼후 최대의 과제인 내 집마련을 더 이상 최대의 관심사로 남겨두지 않는다. 집값에 들어가는 비용으로 더 넓고 편한 곳에서 살겠다는 인식이 늘어간다.

렌탈산업의 발전은 쥐꼬리만한 시간과 금전을 소꼬리처럼 늘려 쓰려는 현대인들의 욕구발현이라 할 수 있다.

선 택
시간을 소비하는 풍요로움

재화 보유라는 풍요로움
포 기

리조트 No-No랜드

리조트 No-No랜드

　여가는 활동적이어야 한다는 가치관에 변화가 생기고 있다. 거품경제기처럼 무엇이나 확대되던 시대에 사람들은 리조트(Resort)에도 경험 확대로 인해 마린 리조트나 도예촌과 같은 다양한 시설을 요구하였다. 소위 체험적 리조트이다.

　그러나 이러한 상승세적인 여가활동만으로 사람들은 만족할 수 없다. 도시의 소음을 벗어나 조용하게 여가를 보내고 싶은 사람, 시간에 쫓긴 비즈니스 인생에서 잠시「일상」을 잊고 쉬고 싶은 사람들이 늘고 있다. 아무튼 지나치게 바쁜 일상에서 탈출하고 싶은 것이다. 아무 것도 없는 장소에서 아무 일도 하지 않고 아무 것도 생각하지 않는 시간. 누구와도 이야기하지 않으니 호텔 종업원도 그다지 용무가 없는 한 말을 걸어오지 않는다. TV도 전화도 라디오도 신문도 필요없다. 부자연스러운 자연을 모방한 환경음도 싫다. 물론 번잡한 스포츠 시설도 있어서는 곤란하다. 그저 조용한 시간만을 제공해 주는「조용한 궁전」이 필요하다. 신선한 공기와 느긋한 시간과 마음이 따끈해지는 온기 이외에는 아무것도 없는 리조트 No-No랜드. 가능하다면 인공적으로 꾸미지도 않았으면 좋겠다. 사람들에게 보라는 듯이 해주는 일은 거품경제기에 질리도록 보아왔다. 개발이라는 두글자를 손님에게 강요하지 않았으면 한다. 일상 생활의 온도를 내리는「쿨다운 리조트」야말로 지금까지의 여가생활에 결여되어 있던 것이라고 생각한다.

　여가생활은 정신적 여유와 물질적인 여력이 있을 때 가능한 것이 현실이다. 여가는 활동적이어야 한다는 가치관이 소득수준의 증가와 함께 한국에서 여전히 빛을 발한다. 휴일에 집(방)에만 틀어박혀 있는「방콕형」이 아직 다수를 점하고 있으나 주말에는 어디론가 떠나겠다는 사람들이 늘어나고 있다. 이러한 추세에 발맞추듯 국내의 리조트들도 다양한 부대시설로 사람들을 야외로 이끌어 내고 있다. 거품경제가 가라앉은 일본에서는 오히려 조용히 여가를 보내고 싶은 사람들이 늘어나지만 우리나라에서는 바쁜일상을 다양한 야외활동을 통해 탈출하고 싶어한다.

　용인자연농원이 마린리조트를 포함한 꽃동산과 놀이동산, 테마파크의 전천후 리조트 동산(에버랜드로 改名)으로 새롭게 변신한 것은 이러한 시대적 조류를 반영하고 있다. 또한 소득의 증가와 함께 늘어나는 해외여행의 물결은 우리의 안목을 고차원으로 만든다.　호텔들도 보통 4~5년을 주기로 부분 또는 전면공사를 실시하던 관행을 깨고 피트니스 센터의 증축, 특정 이미지를 살린 레스토랑, 에어로빅 스튜디오의 개설등 사람들의 「리조트 마인드」를 붙잡으려 애를 쓰고 있다.

　물론 이러한 열기 이면에 좀 더 조용한 분위기에서 느긋한 마음으로 시간의 흐름을 즐기려는 사람들이 없는 것은 아니다. 밀월의 소중한 추억을 간직하고 싶은 신혼부부들에게 요즘 인기있는 것이 로맨스를 불러일으키기 충분하면서도 조용한 궁전과 같은 해외(특히 동남아시아)의 여행지이다. 골프코스도 테니스장도 없고 해변에서 사람의 발자국을 찾기도 힘든 태국의 사무이섬 ······.

말레이지아의 보르네오에 위치한 코타키나발루는 '죽은 영혼의 안식처'로 불릴 만큼 조용히 일상을 잊고싶은 사람들을 손짓한다. 이러한 사람들의 요구를 만족시켜주듯 세계자연보호 구역으로 지정된 호주의 대보초(거대 산호로 이루어진 섬)에 관한 현지 관광당국의 홍보문구는 다음과 같다. ─"한꺼번에 15쌍 이상이 머무른 적이 없다"

동적인 여가에서 정적인 여가를 즐기려는 마음은 해변에 밀려오는 파도와 같다. 높은 파도 뒤에 있는 작은 파랑같이.

건강미인

健康美人

　　오래 계속될 평탄한 인생을 생각할 때 믿을 만한 것은 역시 자신의 몸과 건강이다. 언제까지나 젊고 건강하기 위해서는 남녀노소, 체면 불구하고 자신의 몸에 투자한다. 「건강 자본주의」가 대두한다.

　　건강을 위해서만 돈을 투자하는 「不老 OL」. 미용 부티크(Boutique)는 물론이며 스포츠 클럽, 사우나까지 마다않는다. 이 집에 가고싶다, 저걸 먹고싶다라고 이야기 하지 않는다. 먹는다면 뭐니뭐니해도 건강식품. 식초에 담근 콩, 올리고당, 베타 카로틴, 프로폴리스, DHA, 달맞이꽃 기름, 삼백초 차(茶), 상어 연골. 이것만으로도 배가 부른 상태. 머리가 아프다, 등이 아프다, 배가 아프다며 조금이라도 마음에 걸리는 일이 생기면 불치의 병이라도 걸린게 아닌가하고 병원에 간다. 건강 정보에 너무 밝아 「건강염려증후군」에 걸린 것이다.

　　운동화를 신고 출근해서 하이힐로 바꿔신는 캐리어 우먼을 동경하던 시대도 있었다. 그러나 하이힐로 고생하는 여성들은 세련미를 버리고 버선처럼 평평한 신발을 신는 「버선족」을 고집한다. 몸에 좋다고 하면 남 앞에서도 아랑곳 하지 않고 건강샌들을 신는다. 손목에는 혈압계. 건강을 위해서라면 여자를 버려도 좋다. 남자를 버려도 좋다. 90세를 넘긴 할아버지가 오랜 세월 즐겨왔던 담배를 건강을 생각해 1밀리미터 담배(타르가 아주 적은 담배)로 바꾸는 시대이다. 건강 미인은 「건강해진다면 죽어도 좋다」고 소리친다.

건강염려증, 또는 건강염려증후군은 마케터가 항상 고려해야 할 복병같은 존재이다. 한번 유해물질이 들어있다는 뉴스보도가 있으면 갑자기 매출이 뚝 떨어져 시장점유율 1,2위를 달리던 제품도 도태되는 사례가 비일비재하다. 최근에도 고름우유 논쟁으로 우유업체들의 사활을 건 전쟁이 있었고, 공업용 기름으로 인한 짜장면 파동으로 온동네 중국집들에 초비상이 걸리기도 했다.

건강에 대한 관심은 위기뿐만 아니라 새로운 마케팅 기회를 안겨준다. 맥주시장의 골리앗 OB를 꺽어버린 조선맥주의 히든카드는 '지하 150m의 100% 암반 천연수로 만든 순수한 맥주 하이트'라는 30자도 안되는 광고문구이다. 낙동강 페놀유출 사건이후 수질오염에 민감해진 소비자 심리를 정확히 파악한 조선맥주는 출시 5개월만에 2천만병 판매라는 신기록 수립과 함께 그해의 히트상품 대상을 받았다.

건강에 기반한 잠재적 수요를 꾸준히 개발하여 성공을 거둔 또다른 사례는 풀무원식품. 풀무원식품은 '건강한 삶을 바라는 일반대중을 위하여 유기농 및 무첨가의 건강 무공해식품을 제공하는 종합식품회사'라는 사명아래 1981년 강남지역에 직판장을 신설하였으나 초기 2년간은 고전을 면치못했다. 그러던 중 두부와 콩나물에 농약이나 석회가 들어가는 사건이 발생함에 따라 소비자들의 호응을 받기 시작하여 지금은 두부, 콩나물 등의 자연식품외에 전통조미식품(장류, 참기름, 들기름 등), 건강보조식품, 다이어트식품, 생수에 이르기까지 사업다각

화를 이룩하며 대기업으로 성장했다. 건강에 대한 관심이 증대되지 않았다면 영세 중소기업자가 대부분이었던 두부나 콩나물에까지 브랜드가 창출되기는 어려웠을 것이다.

혈액순환과 숙면에 좋다고 해서 골프장을 중심으로 유행하고 있는 남자들의 건강팔찌나 건강반지도 실제 효능보다는 심리적인 건강파수꾼 역할이 더 클 것으로 보인다. 이처럼 어딘가에 방패를 세워 놓아야 할 것같은 현대인들의 건강염려증은 사회적 불안심리가 가장 밑바닥에 깔려있기 때문에 더욱 심화된다는 해석도 있다. 어찌됐든 소득수준이 올라감에 따라 자신의 건강에 투자할 시간적 경제적 여유가 많아진 한국에서의 건강염려증은 줄어들기보다는 확산될 가능성이 높다. 따라서 무공해 시리즈나 그린 열풍은 한동안 계속될 듯.

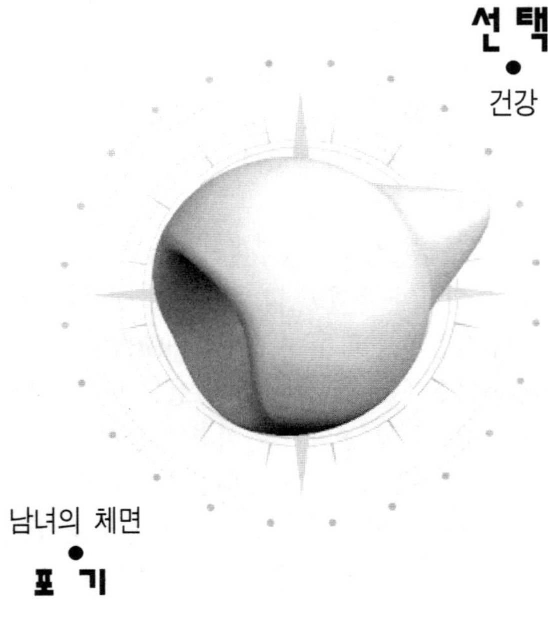

원포인트 미인

원포인트 미인

　　전부 완벽하게 아름다워지려니 무리가 생긴다.「토탈 코디네이트」는 돈도 시간도 상당한 노력을 필요로 하기 때문이다. 태어나면서부터 미인이 아닌 한 완벽한 화장따위는 일찌감치 포기하는 편이 좋다.　때문에 그렇지 않아도 볼륨감이 적은 얼굴, 한 군데를 정해서 승부를 거는 편이 좋다.　찾아보면 매력적인 곳이 누구에게나 한 군데 정도는 있다.　당신에게도 나에게도.　없어도 한 군데를 정했다면 철저하게 관리하며 돈을 들인다.　예를 들면 눈썹에만 모든 것을 걸어 본다.

　　여성잡지에서는「얼굴의 표정이 확 바뀐다.　미인이 되는 눈썹 메이크」라고 하는데 말 그대로 눈썹을 완벽하게 그리면 상당한 미인이 된다.　누구에게도 지지않는 눈썹미인이 된다. 입술이라도 좋다.　툭 튀어나온 입술이라면 빨간 립스틱으로 강조한다.　입술미인.　발목이라도 좋다.　배꼽도 좋다.　등도 좋다.　욕심내지 말고 원포인트 미인이 되는 편이 훨씬 현명하고 시선도 끈다.　일부의 美를 드러내고 전체의 美는 포기한다.　스쳐 지나가는 남자들은 당신의 입술에서 눈을 떼지 못한다.　남자친구들은「내 여자친구는 코가 참 예뻐」라고 자랑할 지 모른다.　시선이 와닿으면 여자는 아름다워진다.　여배우 효과.　그러면 다음으로 진행해 나가면 된다.　언밸런스한 원포인트 미인.　어느새인가 밸런스 미인이 되어 있을 지도 모른다.

　여성들이 지향하는 미인의 개념이 바뀌고 있다. 과거처럼 눈, 코, 입 중심의 완벽 미인이 아니라 이제는 눈이든 입이든 관계없이 특이한 느낌을 주는 개성미인이 부상하고 있다. 성형수술이 연예인에서 보통 여성에게까지 확산되어 예쁜 얼굴들이 너무 많아지자, 고전적 미인의 희소가치가 떨어지게 되었다. 따라서 진짜 미인으로 자신을 차별화 시킬 수 있는 방법은 '나만의 멋'을 보여 줄 수 있는 개성 연출 능력이다. 지나치게 동그랗게 그려 인위성이 역력한 반달 눈썹, 아프리카 토인같이 과장시킨 두꺼운 입술, 앞머리를 바싹 붙여 찔러 넣은 머리핀 등등. 한번씩 쳐다보고 지나갈 수 밖에 없는 특이한 포인트들을 하나씩 갖고 있는 여성들이 자신감있는 표정으로 거리를 활보한다. 그들이 자신만만한 것은 평범한 미인이 아니라 특이한 미인으로 자신을 연출해낼 능력이 있음을 과시하고 있기 때문이다. 모름지기 「개성연출」이란 자기만의 취향이나 안목이 있고 거기다가 나름대로의 가치관 또는 철학이 있어야 가능한 법! 아무나 할 수 있는 것이 아니다. 이렇게 한국에서는 경제적 이유보다는 정치적인 이유로 원포인트 미인이 많아지고 있다.

　한편 한국형 원포인트 미인들이 대부분 지향하는 공통분모가 있다. 다이어트 증후군이라고까지 불리는 「살빼기작전」이다. 기업광고나 전자제품 광고가 주였던 중앙일간지의 전면광고란에 최근에는 다이어트제품 광고가 경쟁적으로 실리고, 다이어트제품을 메뉴에 넣은 다이어트 카페가 들어서며, 1995

년에는 한국능률협회가 선정한 13대 히트상품에 '풀무원 다이어트'가 선정될 만큼 현대 여성들이 다이어트에 열을 올리고 있다. 얼굴은 돈만 있으면 언제라도 예쁘게 할 수 있으나 몸매는 기본 체격조건과 개인의 피나는 노력이 없으면 쉽게 얻어지는 것이 아니다. 따라서 몸매가 아름답다는 것은 아무나 쫓아올 수 없는 나만의 경쟁우위가 될 수 있다는 것이 기본발상이다. 제약회사를 중심으로 다이어트 시장에 대기업이 뛰어들고 있어 한 동안은 시장의 파이 자체가 커질 것으로 보이지만, 요즘 사회 전반적으로 복고풍 열병이 이는 것으로 보아 미인의 기준도 50, 60년대의 통통한 스타일로 돌아가지는 않을지.

자주적인 시간단축

자주적인 시간단축

경기침체와 함께 감소해 온 일본의 노동시간. 그러나 이러한 움직임에 브레이크가 걸렸다. 1994년의 연간 총 노동시간은 1904시간. 전년에 비해 불과 9시간이 줄어들었다. 1996년의 목표인 「1800시간 노동」의 실현은 어렵다. 최근 몇 년의 노동시간 감소는 경기침체에 의한 영향이 강한 것으로 시간 가치에 눈뜬 결과는 아니었던 것 같다. 일본에는 숫자로는 나타나지 않는 「환상의 노동시간」이 있다. 샐러리맨 조사에 나타난 것을 보면 작업개시시간 22분 전에 출근해서 잔업이 없어도 종업시간 27분 후에 퇴근하는 것이 평균적이라 한다. 이를 연간 노동시간으로 고치면 200시간이나 된다. 퇴근시간에는 상사가 남아있거나 부하직원이 남아있어 퇴근하기 어렵다고 생각하는 사람들이 절반 정도이다. 주위 사람을 신경쓰지 않고 당당히 규칙을 지키면 자주적인 시간단축을 할 수 있다. 휴가도 마찬가지이다. 서비스 잔업이 자주 문제시되는데 유급휴가의 말소는 「서비스 근무」이다. 연차 유급휴가의 평균 취득일수를 보면 1994년에 9.1일로 1980년의 8.8일에 비해 그다지 늘지 않았다. 쉬고 싶어도 쉴 수 없다. 그 해결에는 새로운 유휴취득 시스템을 만들 필요가 있다. 금년부터 「바다의 해」가 생겨 경축일이 늘어났으나 일요일과 경축일 사이의 평일을 휴일로 하는 방법 등 유유자적한 시간을 보내기 위한 「유유자적형 휴가」를 추진하는 체제정비가 이루어진다.

　직업은 삶을 즐기기 위한 도구. 요즘 신세대에게 직업은 생활의 방편이 아니라 인생을 즐기기 위한 도구의 하나일 뿐이다. 이제 가족부양을 위해 직업에 연연하는 젊은이들은 많지 않다. 직업을 자신이 발전할 수 있는 공부이거나 재미있어야 할 놀이개념으로 생각하는 젊은이들에게 밥먹듯이 되풀이되던 지난날의 야근은 언어도단이다. 과장이나 부장이 자기보다 먼저 출근하건 말건, 늦게까지 앉아있건 말건 정시에 출근하고 정시에 퇴근하는 신세대이다. "너무 늦게까지 일하지는 마세요"하고 밝게 웃으며 퇴근하는 신입사원의 뒷덜미를　망연히 바라보는 나이 많은 상사의 모습은 이미 옛날얘기이고 이제는 상사가 알아서 일찍 퇴근하라고 말해주는 분위기이다.

　그러나 일할 땐 폭발적으로 미친 듯이 몰두하는 그들의 모습에서는 무작정 비난도 숙여들어간다. 때문에 이들의 성향을 생산적으로 발전시키기 위한 신세대형 조직관리 프로그램도 등장하고 있다. 변화하는 노동 및 노동시간에 대한 가치관에 따라　토요일휴무제라든가 공무원　토요일 격주 전일근무제 등 새로운 노동 시스템이 등장하여 사회변화에 발맞추고 있다. 출세보다는 내면적 가치를 더 추구하게 된 한국인들에게 노동이나 벌이보다「자기개발」이 점차 중요해지고 있다.

선택
자신의 시간

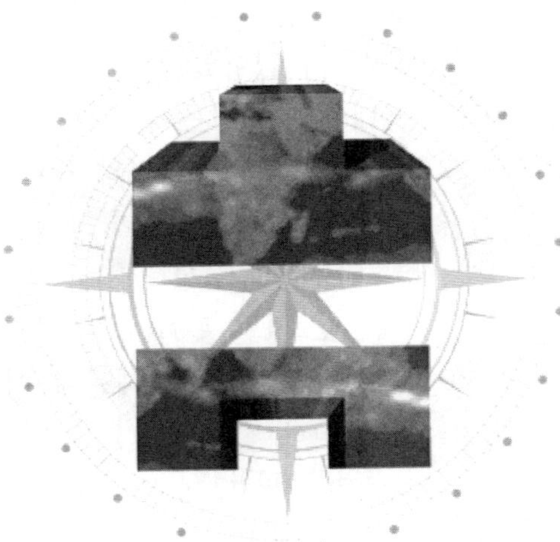

社內의 상식

포기

취미생활의 재발견

취미생활의 재발견

　연공(年功)으로 소득이 올라가길 바라기 어려운 평탄한 사회. 그러나 자녀의 성장에 따른 교육비가 증가하는 등 생활에 드는 돈에는 변화가 없다.　그래서 밖에서 술을 마시는 횟수를 줄인다. 담배를 좋아하는 이들은 개피수를 줄이거나 싼 담배를 피운다.　눈물겨운 노력이다.　좋아하는 골프도 3개월에 1번으로 줄이고 경마도 G1(일본에는 G1, G2 ,G3급의 경마대회가 있다. G1은 관동과 관서지방에 각각 9개씩 있다. 규모가 크고 거리도 길지만 자주 열리지 않는다)밖에 살 수 없다. 「생활방위」에 치우친 삶. 그렇다면 오히려 모든 것을 버린다. 미련떨며 질질 끌기 보다는 깨끗하게 그만둔다.　그리고 새로운 자신을 발견한다.

　「취미를 끊는 사람」이 됨으로써 새로운 즐거움이 생긴다. 의사의 권유에 의해서가 아니라 자신의 의지로 술을 끊는다. 생활은 변화한다.　술값으로 자전거를 산다.　휴일에는 일찍 일어나 근처 공원에서 사이클링을 한다.　자연과 친근해진다. 「건전한 중년」에 속하게 된다.　퇴근 후 자동차를 타고 아무도 없는 바다를 보러 간다. 「무취미」도 꽤 세련된 생활이다.

　술에만 국한된 이야기가 아니다. 타성에 젖어 지속해 왔던 것을 이때 과감히 버린다.　변화있는 생활이 필요한 평탄한 사회는 바로 지금이 전기(轉機)인 셈이다.　새로운 발견에는 「끝내는 용기」가 필요하다.　어쩔 수 없이 포기하는 것이 아니라 자신을 재발견하는 미래지향적인 삶의 방식으로 자기탐험대를 만들어보자.

취미생활은 일본과 한국의 사정이 조금 다르다. 한국에서는 단순한 생계수단으로 직업을 갖던 시대에서 자기개발 수단으로 직업을 갖는 시대로 변해가면서 오히려 취미생활을 새롭게 시작하는 사람이 늘어나고 있다. 뿐만아니라 기업마다 동호인 모임이 있고 모임의 종류도 다양해지고 있어 취미생활은 점차 중요한 개성으로 자리잡아 갈 것으로 보인다. 아직은 전문직이나 상류층 중심으로 동호인 모임이 활발할 뿐 일반대중의 취미생활 향유가 본격화된 것은 아니지만 비슷한 취미를 갖고 있는 사람들끼리 모여서 자신의 취미를 세련화 고급화시키려는 욕구는 더욱 커지고 있다. 간과할 수 없는 사실은 취미활동을 자기개발 수단으로 여기는 경향이 과거에 비해 더 커졌다는 사실이다. 비용이 만만찮은 취미생활은 동호인모임 등을 통해 정보와 자극을 주고받으며, 짧은 시간에 아마추어 수준을 넘을 수 있도록 시간대비 경제성의 원칙을 이어나가는 실속파들도 많아졌다.

제일기획 전국 소비자조사 결과를 보면 취미생활 종류도 많이 달라진 것을 알 수 있는데, 특히 동적인 취미생활 선호가 두드러진다. 스쿠버다이빙, 번지점프 등 감각적이고 모험적인 스포츠를 소개하는 TV 프로그램도 많아지고, 이를 즐길 수 있는 레포츠 상품들이 계속 등장하고 있고 자동차의 보급으로 기동력이 높아짐에 따라 도시에서 즐기기 어려웠던 모험성, 이벤트성 레포츠나 도자기 굽기, 텃밭가꾸기 같은 취미생활들이 늘어나고 있다. 이러한 취미생활은 전문화, 다변화의 추세와 더불어 그 이면에 복합화의 형태를 띈다. 관심이 다양해지면서 이미 상당한 수준에 도달한 한 사람이 두세 가지 이상 취미를 갖고 있는 경우가 늘고 있는 것이다. 전문 영화비평가이자 선수급 스키어, 볼링선수이자 주말농부인 사람들이 많아지는 셈이다.

선택

새로운 생활의 발견

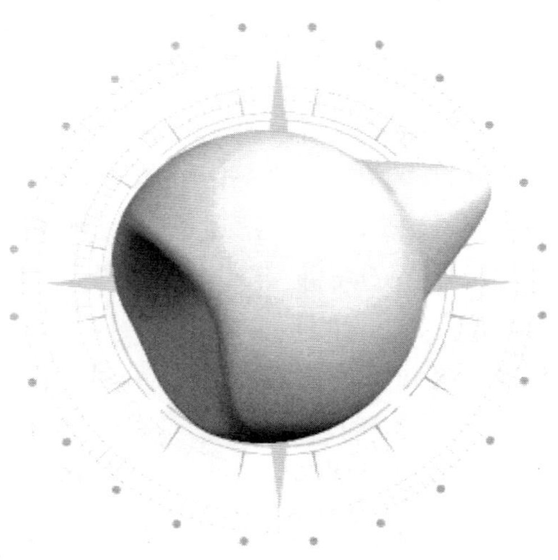

포기

주말사상

週末思想

　일하는 사람의 대부분은 아직도 「평일에는 일, 주말은 휴식」이라고 생각할까?　그러나 하이테크화가 진전되어 사람들이 해왔던 일들이 기계나 컴퓨터로 바뀌고 기존보다 한단계 높은 기술능력과 창조성이 요구되고 있다.　또한 연공서열의 붕괴나 능력주의의 도입, 연봉제에 의한 임금격차 등, 가만히 앉아 있어도 나이와 함께 돈이 불어나던 시대는 아니다.

　여기서 믿을 만한 것은 결국 자신뿐이다.　자격을 취득하거나 어학과 컴퓨터 공부를 하는 등 「자기연마」를 진지하게 생각할 필요가 생겼다.　그렇다면 먼저 필요한 것은 시간자원이다.　바쁜 일상 속에서 시간을 조절하는 것은 당연하지만, 그 이상으로 주말을 어떻게 보낼까라는 「주말사상」이 필요하게 된다.　또한 주말을 보내는 방법이 중요해 지는 것은 일을 위해서 뿐만이 아니다.　여유있는 삶을 살기 위해서라도 반드시 생각하지 않으면 안되는 시간인 것이다.　스포츠를 하여 심신을 다진다.　여가나 창작활동을 통해 자신과 마주선다.　그리고 가족이나 친구와 인생의 시간을 공유한다.　여기서 새로운 의욕과 활력이 솟아난다.　사업상뿐만 아니라 앞으로는 주말을 잘보내는 「주말 엘리트」가 늘어날 것이다.　마찬가지로 평일 퇴근후 시간을 잘보내는 「애프터 5 엘리트」(보통 5시에 퇴근하므로 이런말이 나왔다. 삼성그룹의 '7 to 4'도 같은 맥락에서 이해할 수 있다)도 증가할 것임에 틀림없다.　「주말사상」은 조직이나 타인에게 의존하지 않고 자립하는데서 시작하는 것이다.

‘월, 화, 수, 목, 토, 일, 일’

한국에서도 금요일이 없어졌다. 금요일이 토요일로, 토요일은 일요일로. 금요일 오후부터 주말이 시작되는 새로운 라이프사이클이 펼쳐진다. 주5일 근무와 격주 토요휴무, 그리고 조기 출퇴근제 등 최근 사회 전반에 불어온 근무환경 변화 때문에 주말이 길어졌다.

그러나 갑작스런 시간의 풍요로움에 당황하는 사람들이 많다. 특히 성장이데올로기 속에서 밥먹듯이 야근을 하고 휴가도 반납하면서 일을 해온 한국의 30대후반, 40~50대 직장인들은 자신의 인생에 확실히 여가가 보장되어 있다는 인식을 갖기가 어렵다. 일단은 금요일 저녁에 맘편히 술을 마시고 토요일, 일요일은 밀린 잠을 자는 방법을 쓰고 있지만 언제까지나 그럴 수는 없다는게 공통된 지적이다. 주말을 어떻게 보내야 할 지 이제는 자기나름대로의 주말사상이 필요해졌다.

그래도 감각있는 선구자들 가운데에는 금요일 저녁부터 월요일 새벽까지 3박 4일의 주말휴가를 다녀오는 등 저마다 길어진 주말을 알차게 보내는 사람들이 많아지고 있다. 요일별 철도 승객 통계를 봐도 화요일부터 목요일까지 하루 철도이용객수는 평균 75만명인 반면, 금요일 95만명, 토요일 1백72만명, 일요일 1백 90만명으로 금요일부터 승객수가 부쩍 증가하고 있다.

금요일, 토요일은 노는 날, 일요일은 쉬는 날로 자리잡아 가는 새로운 週末思想은 보수보다 여가나 휴가를 더 중요하게 여기는 노동의식 변화와 무관하지 않다. 따라서 이것도 놓칠 수 없는 트렌드. 하지만 주말을 무조건 놀이문화속에 자신을 몰입시킬 수만은 없다.   진로그룹에서 행한 설문조사(95)를 보면 휴일의 자기개발 방법으로 '관련서적을 읽는다', '운동을 한다', '어학공부를 한다' 순으로 응답하고 있는데, 이는 여행과 레저의 물결속에서도 전문가가 되기위한 학습의 시간으로 주말을 활용하는 사람들이 많음을 알려준다.   그렇다면 정신의 이완과 함께 자기를 갈고 닦는 주말시간을 보낼 수 있는 아이디어 상품을 개발해 보면 어떨까?

선 택

자기우선의 주말

상황에 따르는 주말

포 기

노스탤지어(Nostalgia)양

노스탤지어(Nostalgia)嬢

　사회가 성숙해지면「새로운」것의 가치는 상대적으로 감소한다.　즉 단순히「새롭다」는 정보만으로는 뒤쳐지게 되는 것이다.　또한 경제적 평탄화가 진행되면 필연적으로「새로운」것을 받아들이기가 점차 곤란해진다.

　미래가 지금보다 풍요롭다는 성장세의 발상이 어렵게 된 오늘날, 미래에 대한 가능성과 현재에 대한 관심을 포기하고 과거로 회귀하는 사람들이 늘어나는 것도 당연한 현상일지 모르겠다.

　가까운 미래가 평탄한 현상유지 사회가 될 것이라는 예감 때문에 전 사회적으로 열기가 충만했던 과거로 몰입하고자 하는 경향도 있다.　게다가 과거에는 어느 정도 나이가 들었을 때 노스탤지어를 느꼈지만,　지금은「과거는 새롭다」고 느끼는 젊은 세대가 등장하여 과거를 그리워하는 풍조가 확산되고 있다.　그렇기 때문에 그다지 나이가 들지 않아도 학생시절의 옛친구들과 모여 모교를 방문하는 여행,「단체여행」도 늘고 있는 것이다. 새로운 것을 좋아하는 HANAKO 세대(하나코라는 잡지는 젊은 여성들의 패션잡지로서 유명한 식당 소개를 주요한 테마기사로 싣고 있다. HANAKO 세대는 일본에서 모든 분야의 상품이 거의 나와 있는 시대에 자라난 세대이다. 상품과 필요한 조건들, 정보가 넘치기 때문에 선택의 눈이 매우 높아진 센스업 세대라고 할 수 있다)에서 과거 시절로 자신의 기분을 동화시키는 노스탤지어嬢으로 시대가 바뀌어 간다.

　새로움이란 것이　돌아서면 새로움으로 남지않는 시대에는 추억속으로 혹은 과거로 회귀하는 것에 진부함을 덜 느낄수 있다.

　어느 곳이나 마찬가지지만 패션과 음악 등에 있어서도 경제학의　주기설과 마찬가지로 나름대로의 싸이클이 반복되고 있다.　사실 복고풍이라는 말도 해마다 듣는 말이지만 해마다 다시 이야기되어 지고 있지 않는가?

　「헵번스타일」이 새롭게 유행하는가 하면 맘보도 유행한다. 그러다 보니 광고에서도 이러한 조류가 반영된다. 최근 신세계 백화점 광고에 우리나라 최초로 미니스커트를 입었던 윤복희씨의 사진(물론 흑백)이 쓰였는가 하면 고속도로 휴게소에서 가장 인기있는 식품중의 하나는 호떡과 감자튀김이다.

　복고풍, 혹은 향수를 느끼게 하는 것에 대한 선호는 新舊의 세대차이가 있으나 좀 더 고급스러움에 대한 막연한 갈망과 잃어버린 자신에 대한 동경이 믹스되어 새롭게 태어나고 있다. 요즘 한창 인기를 모으고 있는 ‘ TV는 사랑을 싣고’프로그램(유명인이 나와 과거 추억 속의 한사람을 만나는 쇼프로그램)에 대한 인기는 이러한 것을 반영하고 있다.

　「나는 나」, 「나만의 개성」이기를 원하는 시대에 가장 강한 자신의 개성은 늘 새로움에 있는 것은 아닐까. 구세대의 마음속에 살아있는 추억과 회상은 신세대에 있어서는 전혀 새로운 인식대상이다. 현대적 관점에서 새롭게 숙성된 과거는 미래를 열어가는 성공의 열쇠라 할 수 있다.

선택

과거의 추억

현재의 관심

포기

네트돌(Netdol)

Netdol

    통신망 사회가 일반화되면 사람들이 두드러지는 방법도 변화한다. 일반 사회에서는 무명(無名)일지라도 사이버 스페이스(Cyber Space)에서는 유명인이 될 수 있다. 아이돌(Idol)도 TV나 잡지에서 무명이라도 통신망에서는 유명한 아이돌인 「Netdol」이 등장한다. 디지틀 기술이 있으면(PC를 다룰 수 있으면) 사진이 취미인 사람은 디지틀 갤러리의 주재자가 될 수 있고, 원고를 온라인에 올리면 소설가도 될 수 있다.

    네트워크 공간은 지금까지는 가상공간으로 생각해 왔으나 앞으로는 실공간과 의식적으로 바뀌지 않는 가치를 갖고 있다. 실공간에서의 지위와 마찬가지, 또는 그 이상으로 「디지틀 지위」가 중요한 시대이다. 디지틀 우드스톡과 같은 이벤트가 가능한 것은 문자 위주의 매체에서 영상, 음성이 가능한 매체로 진화했기 때문이다. 현 사회에서 많은 노력과 막대한 비용이 필요한 프로모션도 디지틀상에서는 아이디어와 지혜만으로 커다란 효과를 기대할 수 있다. 사이버 아트, 사이버 엔터테인먼트(Cyber Entertainment)의 스타는 현 사회의 스타를 잠식해 버릴 수도 있다. 인디즈라 불리는 일부 매니어밖에 모르던 방식은 유통이 장애물이었기 때문에 가능했다. 광범위한 시공간에 펼쳐지는 사이버 스페이스는 이 유통 통로(Neck)를 한꺼번에 개방해 준다. 자, 당신도 사이버 스타를 목표로 해보면 어떨까.

　컴퓨터 통신이 사회를 바꾸고 있다. 컴퓨터 통신은 학교, 기업, 직장, 인간관계등 사회 모든 분야에 변화의 바람을 불어넣고 있다. 이런 변화의 양상은 우주창조 기원설의 하나인 빅뱅(Big Bang)에 비유될 만큼 커다란 것이어서 정보통신 혁명이 「비트뱅(Bit Bang)」으로 불리고 있을 정도다. 물론 컴퓨터 범죄나 언어폭력등 해결할 과제가 많은 것은 사실이나 「컴맹」이나 「배꼽티」등 PC통신에서 유행되다가 당당하게 제도권으로 진출한 단어들도 나타났고 「청와대 큰마당」같은 자유게시판이 등장하여 자유로운 의견개진이 전개되기도 했다.

　이러한 커다란 변혁속에 우리사회에 새롭게 등장한 것이 「얼굴없는 스타」의 탄생이었다. 이제는 우리 사회에도 TV연예인이나 유명 스포츠맨만이 스타는 아니다. PC통신망 가수 이화수는 방송에서는 낯선 인물이지만 록발라드 '널 위한 나의 슬픔'으로 하이텔을 이용하는 신세대들 사이에 이미 잘 알려진 인기인. 사운드 카드를 내장한 이용자들은 이런 노래를 집에서 듣고 있다. 컴퓨터 통신망에 개설된 대화토론방에서 토론의 주역으로 꾸준히 명성을 떨치고 있는 신모라같은 사람은 강경한 논조로 토론방의 여론을 주도하거나 토론에 불을 붙이는 역할을 도맡아 토론매니아들 사이에 잘 알려져 있다.

　통신망 스타가 바깥세상에서의 입신으로 이어지기도 하는 대표적인 경우는 소설가들이다. 대상층의 연령이 비교적 낮기 때문에 읽기 쉬우면서 자극성과 흥미성이 높은 SF물이나 추리물 등을 많이 다룬다. 이들 작가는 조회횟수나 독자평을 통냉정하고도 신속한 평가를 받게된다. 신세대 독자들을 중심으로 큰 인기를 끈 소설「퇴마록」의 작가 이우혁도 PC통신망을 통해 스타가 된 뒤 문단에 정식으로 데뷔했다. 이제는 심지어 PC통신망의 이용자 작품코너를 모니터하는 출판사까지 있다.

통신세대의 인기인은 연예인이나 스포츠 스타만큼 화려하지는 않으나 영향력면에서는 결코 뒤지지 않는다. 주부들도 성(性)에 관한 자신의 의견을 발표해서 유명해지고 학생시절의 문학활동의 꿈을 이어갈 수도 있다. 이제 현실과 꿈은 별개의 것이 아니라 가상공간이라는 현실속에서 현실이라는 꿈을 이어가는 삶이 전개될 것 같다.

정으로 주고받는 시장

情으로 주고받는 시장

　선물을 주고받는 시장은 여전히 어렵다. 그러나 선물관련 기업은 선물시장의 활성화를 위해 노력한 결과, 그 성과가 조금씩 나타나고 있다. 선물전용 상품을 개발하여 생활인의 선물 욕구를 끌어낸다거나, 「G(gift) 규격」인 선물은 「특별히 당신을 위해 드립니다」라는 마음이 강하게 나타나도록 개선시킨다. 이것이야말로 선물의 근본이다. 의무로 선물을 보내는 부분은 줄이고 인정으로 보낸다.

　이제는 한층 더 인정이 통하는 선물시장으로 나아갈 것이라 생각된다. 이러한 경향에는 G규격뿐만이 아니라 국제생산품 직송 배달이나 갖고싶은 것을 예약할 수 있는 시스템이 도움이 된다. 국제생산품 직송배달은 문자 그대로 외국에서나 구할수 있는 진귀한 것을 알선하는 시스템이다. 갖고싶은 것을 예약하는 시스템은 미국에서 기프트 레지스트리(Gift Registry)라 불리는 것으로 갖고싶은 상품을 받는 측이 상점에 등록해 두는 방식이다. 보내는 측이 예산에 따라 희망하는 물건을 선물로 보내는 것이다. 터놓고 하니 오히려 마음이 편하지 않은가? 갖고 싶지도 않은 것을 받는 것보다 情이 더 많이 생길 것이다.

「의리는 이제 그만」으로 밀어부친다. 서로 그렇게 하는 편이 기분좋다. 반대로 비즈니스관계로 만난 사람이라도 情이 통한 사람에게는 情으로 대한다. 회사동료도 친구 감각으로. 젊은 세대에서 현저하게 나타나는 현상이다.

선물문화가 바뀌고 있다. 과거의 「의례선물」이 일상생활에 유용한 세제나 양념세트와 같이 실용성을 강조하는 「실용선물」로 방향전환하고 있다. "아버님댁에 보일러 하나 놔드려야 겠어요"하는 효도선물 강조 광고가 히트한다거나 건강기기 제품이 「효도선물」로 각광받고 무공해 농산물과 함께 레져관련 신변잡화 등 중저가 제품이 인기를 얻고 있는 것도 이러한 점을 반영하는 것으로 보인다. 포장을 간소화하여 쓰레기가 적게 나오도록 환경에 주의를 기울인다거나 건강식품을 다양하게 구비하여 현대인의 「건강염려증」에 크게 신경쓰는 등 달라진 라이프스타일과 생활의식을 반영하는 방향으로 선물시장은 계속 성장하고 있다.

백화점들은 저마다 선물 상담창구를 마련하여 연령별, 가격대별로 적합한 선물을 안내해 준다거나, 세일시 싼 가격으로 명절 선물을 예약할 수 있게 하여 명절 특수(特需) 전부터 선물시장을 형성하는 등 선물시장에는 판촉 아이디어가 넘쳐난다. 백화점 옥외주차장에서 자동차에 탄 채 갈비나 굴비세트 등을 살 수 있는 「드라이브인(Drive In)매장」개설과 넓어진 지역특산물 코너, 그리고 대폭 증가된 선물 배달차량 등은 선물시장의 변화를 알려주고 있다.

여기에 요즘 젊은이들이 결혼기념일은 물론, 언약식한 날, 발렌타인데이, 화이트데이, 100번째 만난 날, 등 각종 기념일을 만드는 경향까지 있어 선물시장은 더욱 활성화 될 수 있을 것으로 보인다. 그러나 아직은 기념일에 적합한 선물이 없다는는 지적이 많으니 T.P.O(Time—시간, Place—장소, Occasion—상황)에 따른 선물 컨셉을 개발해 보면 어떨까? 현대적 감각의 선물이란 바로 주는이의 기쁨과 받는이의 고마움 외에 쓰임새를 고려하는 세련된 정성이라 할 수 있다. 어쨌든 현대는 선물의 시대(Present is Present Age)가 계속 이어지고 있으니, "101번째 만난 날에는 ○○도너츠를 드세요, ○○랜드로 오세요"와 같은 광고도 가능하리라.

선 **택**

인정적 교제

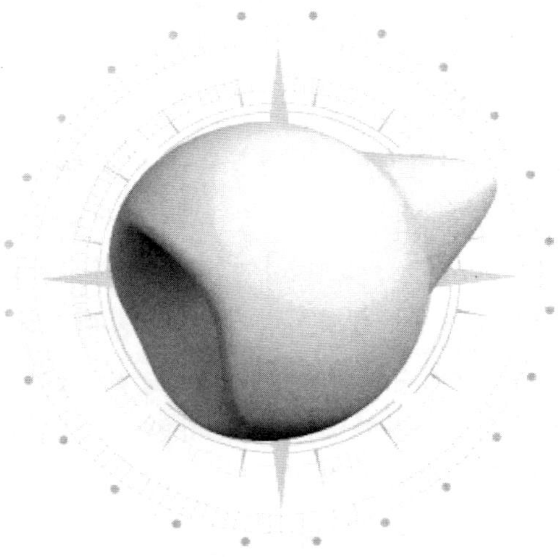

의리적 교제

포 **기**

회선교제

回線交際

　디지틀 사회가 본격화된다.　인터넷상에서는 실공간을 필적하는 기업과 서비스가 속속 등장하고 디지틀 기업족이 줄지어 탄생하고 있다.　이러한 사회에서 사람과의 교제에도 당연히 변화가 일어난다.　사람과 얼굴을 마주보아야 하는 대면적인 교제는 줄어들고(참고로 博報堂 生活總合硏究所의 젊은층을 대상으로한 조사 결과에서는 쥬스를 살 경우 상점보다는 자판기를 이용한다는 사람이 60% 이상에 달했다),　그만큼 사이버 스페이스상에서의 교제가 늘어난다.　얼굴을 쳐다보고 이야기하는데 익숙치 않은 내향적인 사람도 회선을 통한 커뮤니케이션이라면 편안한 마음으로 할 수 있다.　나서기 싫어하는 사람도 비밀이 보장되므로 교제를 할 수 있다.　실제 공간에서 하는 교제보다 경비도 들지 않는다.　수고를 할 필요도 없다.　즉 파이가 확대되지 않는 사회에서 교제를 경제적으로 확대하기 위한 절호의 수단인 것이다.　또한 시공간을 초월한 교제이기 때문에 그 범위가 매우 광범위하다.　부부가 따로 떨어져 살며 각각의 삶을 영위하면서 마음은 회선을 통해 주고받는 「회선부부」조차 나오고 있다.　살고 있는 곳, 현재의 상황 등을 모두 회선으로 없애고 「디지틀 동창회」를 열어 옛친구와도 만날 수 있다.　물리적으로 사람들이 한자리에 모이지 않고도 집단 교제를 경제적으로 열 수 있는 전자 교제는 가상현실이 아니라 실제 교제형태로 자리잡아 갈 것이다.

　최근 한국에서의 PC나 삐삐(Pager)의 증가율은 그 어느나라에서도 찾아보기 힘들 만큼 파격적이다.　PC통신과 삐삐는 신세대의 필수조건이라고 할 만큼 젊은 층을 중심으로 인기 폭발이다.　통신망(Net)을 통한 가상현실 공간의 세계시민이라는 뜻으로「네티즌(Netizen)」이라는 용어가 공공연히 사용되고, '1004(천사)', '8282(빨리빨리)'와 같이 각종 숫자를 조합한 삐삐통신용 은어, 약어가 화제가 되기도 했다.

　이렇게 PC통신이나 삐삐가 인기를 끄는 것은 그것이 제공하는 '또하나의 세계'가「자기만의 공간」, 또는「자기만의 비밀세계」를 열어주기에 일종의 해방감을 만끽할 수 있기 때문으로 보인다.　물론 여기에는 博報堂 예측대로 디지탈사회가 본격화됨으로써 찾아온 회선교제의 증가라는 자연적 관성의 힘도 있다. 그러나 한국에서의 회선교제 증가는 소위 신세대라는 청소년층을 중심으로 진행되는 것으로써, 대면적 커뮤니케이션을 기피하는 경향 보다는 자연공간이 아닌 가상공간이 주는「콜럼부스식 신대륙발견의 기쁨」이 기저에 있는 것으로 보인다.

　공부를 강요하는 입시지옥과 부모님의 눈총 속에서 전화하는 것도 눈치보이는 젊은이들에게 PC통신과 삐삐는 수다떨기나 이성교제가 가능한 밀실을 제공해 주는 것이다. 태어날 때부터 TV나 라디오, 전화가 있어서 커뮤니케이션하는 당사자들이 한 공간에 있지 않고 매체를 통해 의사소통하는 것에 익숙해진 신세대들에게는 서로의 눈빛과 낯빛을 오감으로 느끼는 교제가 오히려 부담스러울지도 모를 일이다. 그러니까 자신과 통할 수 있는 또래들과 밀실같은 세계에서 회선교제하는 것이야말로 그들이 원하던 커뮤니케이션일 수도 있겠다.

선 택

디지털 교제

대면적인 교제

포 기

도쿄 패싱

도쿄 패싱

"도쿄라면 마음 먹은대로 되지가 않아요. 손님이 줄고 가게는 많고, 경쟁이 치열하죠. 해외는 기본을 중시하고 원칙에 따르고 있더군요. 창조라든가 배울만한 점이 많아요. 저는 이런 도쿄는 패스해 버리기로 했습니다"라고 말하며 지방 도시에서 프랑스로 돌아가는 소무리에씨. 도쿄에는 지금 광채가 없다고 한다. 그래서 「TOKYO 패스」.

크레모나에서 비올라를 제작했던 사람. 밀라노에서 가구 디자인을 공부해 온 사람. 마드리드에서 플라멩고 기타를 배워온 사람. 모두 비슷비슷한 의견이다. 「TOKYO 패스」. 거품경제가 한창일 때 국제화의 진전은 사람, 사물, 돈, 정보의 모든 것이 도쿄를 경유하였다. 아시아의 국제도시이자 일본의 수도인 도쿄가 진면목을 발휘하였다. 그러나 지금은 사람, 사물, 돈, 정보의 모든 것이 「국제 직류」형으로 바뀌었다. 필요한 사람과 사물, 돈, 정보가 각각 필요한 사람, 사물, 돈, 정보로 직접 연결되는 개별 네트워크의 시대인 것이다. 필요는 최적절한 것만을 추구한다. 수도의 권위는 필요없게 된 것이다.

「국제화」에는 국경의식이 있지만 「글로벌」에는 국경이 없다. 그런 시대인 것이다. 개인의 자유나 필요성이 부각되고 대량과 최대를 자랑하는 대도시의 매력이 사라진다는 사실을 「도쿄 패스」가 가르쳐 주고 있다.

사람은 나면 서울로 보내고 말은 제주도로 보내라는 말이 있다. 우리 조상들의 가치관을 엿볼 수 있는 말이다. 좀 더 큰 무대에서 자신의 역량을 발휘하기를 바라는 마음이 한국사람들의 가슴속에 면면히 이어져 내려왔다. 그러다 보니 모든 것은 서울로 통한다. 모로 가도 서울만 가면 된다는 생각은 사람, 재화, 서비스등 모든 것을 수도 서울에 집대성시켜 놓았다. 수도권을 포함한 서울지역의 인구가 전국의 45%나 되고 자녀 교육을 위해서도 부득이 한 경우를 빼고는 서울을 뜨려고 하지 않는다. 그래서 무엇이든 우리나라를 대표할 수 있는 것은 '통계 서울'로 표현되었다. 그러다보니 수도 서울의 「Seoul Prestige」가 빛을 발해왔다.

그러나 「Every Hour is Rush Hour」라는 말은 이제 서울을 표현하는 하나의 말이 되었다. 서울의 세계적인 교통문제, 대기오염, 고물가 등에 염증을 느끼고 심정적으로 서울을 떠나려는 생각들이 늘었다. 또한 서울을 기반으로한 신도시의 확장은 오히려 서울중심의 생활을 복잡하고 짜증나게 만들었다. 지방자치시대가 서서히 태동하고 자주적인 전원생활을 즐기려는 사람이 늘면서 서울을 통해야만 모든 것이 이루어진다는 의식이 변화를 갖게 되었고, 이러한 변화를 가속화시키는 여러 시스템들이 마련되고 있다. 이런 변화의 영향중 하나는 바로 위성방송 시대의 개막일 것이다. 울릉도에서 처음 실시된 원격 화상회의 시스템을 이용한 재판은 시간과 거리라는 물리적인 한계를 극복하는 새로운 시대에 진입한 서막에 불과하다. 미래의 새로운 축을 만들 고속전철 등도 이러한 시공간의 한계를 극복하는 좋은 예가 될 것이다. 실제로 포항제철의 경우는 화상회의 시스템을 도입, 출장에 따른 번거로움을 해소하고 각 지역간 정보교류에도 큰 도움을 얻고 있다.

또한 컴퓨터 시대의 산물인 재택근무의 확산은 종래의 직업관을 바꾸어 놓았고 業의 개념까지 바꾸어 놓고 있다. 위성방송, 고속전철, 지방자치 시대의 태동, 인터넷을 통한 정보의 가공과 창출등은 「시간과 공간의 확장을 통한 미래창출」이라는 측면에서 탈서울을 가속화 할 수 있는 기반을 마련해 줄 것이다.

선택

●

지역에서의 자주성

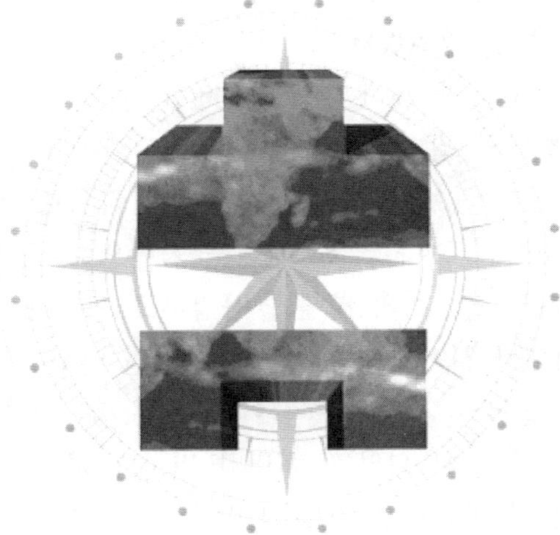

거대한 도쿄시장

포 ● **기**

지역왕(둔전정신)

地域王(屯田정신)

　　종신복지촌, 국제 대도예도시, 온천향역, 건강야채촌……. 최근에는 전국 각지에서 독특한 아이디어를 채택한 지역활동 정보가 활발히 이루어지고 있다. 과거의 고향 후원금이 모금되어 자금을 바탕으로 한 지역활성화를 꾀한 시절과는 달리 이번에는 지역의 특성을 살리겠다는 특징이 있다. 지금 지방은 각각 유니크한 기분으로 충만되어 있다.

　　이런 지방에 비하면 많은 인구와 다양한 가능성을 안고 있는 도쿄는 전혀 광채가 나질 않는다. 전국적인 붐이라는 일극집중적인 유행현상에 종지부를 찍기라도 하려는 듯이, 개성화의 진전이 넓이보다 깊이를 중시하는 평탄 시대를 맞이하여 도쿄가 이미 그 중심이 될 수 없게 되었다. 전국구의 종언. 즉 앞으로는 다양한 지역 에너지 「로컬 젤리」(일본에는 우리나라의 박카스와 같은 기능활성음료로 로얄젤리가 있다. 이에 빗대어 만든 말)가 일본의 활력원이 되는 것이다.

　　이러한 지역 심화현상은 일본에 새로운 구도를 가져온다. 예를 들면 전국 제패의 꿈을 버리고 가격을 낮춰 지역특화함으로써 강한 가격경쟁력을 갖는 「지역대왕」같은 상점이 증가한다. 취직도 도쿄의 유명대학에는 가지 않고 지방대학에서 성적우수 장학금을 받는 쪽이 유리하다.

　　아메리칸 스피리츠(American Spirits)가 미국을 몇번이나 재생시킨 것처럼 이러한 각지의 「屯田 정신」(둔전은 왕조시대 때 주둔군의 식량을 자급하기 위해 마련해 두었던 밭으로 일본의 정신을 이렇게 표현하고 있음)이 일본을 재생시키는 것이다.

일본은 둔전정신이 지역정신의 기반이라면, 한국의 지역활성화를 꾀할 수 있는 지역정신은 무엇일까? 과거 약 20여년에 걸쳐 우리나라에서는 「새마을 운동」이 지역활성화에 기여했다는 사실을 무시하지는 못할 것이다. 일본에서는 도쿄의 일극집중화 현상이 점차 줄어들면서 지역특성에 기반을 둔 삶의 전개가 일어나고 있다. 그러나 우리나라는 서울을 포함한 수도권의 인구가 전인구의 절반에 육박하고 생활기반의 대다수가 한 곳에 몰려 있으니 지역시대는 먼나라 이야기처럼 들린다. 그러나 우리나라도 이제 지방자치를 시작했으니 앞으로는 달라질 것으로 기대해 본다. 한편으로는 지역이기주의가 고개를 들어 낭패를 겪을 수도 있게지만 중앙집중적인 것이 아닌 지역본위의 시장활성화가 이루어 질 수 있을 것이다.

옹진군의 경우에는 「섬을 팝니다. 섬을 사세요」라는 홍보책자를 전국에 배포했다. 옹진군이 투자유치를 위해 관내 1백개 섬의 특성과 개발전망을 담아 펴낸 것이다. 개발과 재정확충 차원에서 생각해 낸 것이지만 지역활성화를 위한 인식의 지평이 그만큼 넓어졌다고 할 수 있다. 또한 농림수산부에서는 〈지리적 표시 보호제도〉라는 것을 도입키로 했다고 밝혔다. 현행 상표법과 부정경쟁 방지법에는 지역이름을 상표화 할 수 없도록 되어있어 그동안 지방 특산물이 유통돼도 이를 규제할 만한 마땅한 보호수단이 없었다. 그러나 이제 〈이천쌀〉, 〈경북능금〉, 〈나주배〉, 〈영광굴비〉, 〈순창고추장〉등이 지방 특산물 상표로 등록되어 법적보호를 받게된다. 지역이름을 지방특산물의 상표로 등록해서 해당지역의 농민들이 사용할 수 있도록

한 것이다.

　과거 한 때, 우리나라에서도 취업난의 가중으로 인한 젊은이들의 고향 회귀현상이 있기도 했다. 고향으로의 금의환향(錦衣還鄉)이 아닌 실의환향(失意還鄉)이 아쉬운 점이기도 했지만 이제는 「신한국판 춘추전국시대」가 펼쳐질 날도 멀지 않을 것이다. 이제 새마을 정신은 지역적 단점을 극복하기 위한 「새마음 정신」으로 전개될지도 모른다.

선택

지역구에 철저를 기한다

전국구 겨냥

포기

리타이어(Retire) 농원

리타이어(Retire) 농원

만원전차에 시달리면서 샐러리맨은 멍하니 생각한다. "도대체 앞으로 몇천번의 아침이 계속되는 것일까?"하고. 오르지 않는 월급, 변함없는 작업량, 사업 재편성에 대한 공포, 복잡한 인간관계 등이 얽혀있는 도시는 이제 스트레스를 생산하는 공장이다.

짧은 인생이 아닌가? 정년을 기다리기 보다는 기운을 내서 그만두어 버리면……. 그렇다! 「그만두자」는 방법이 있었다. 회사를 위해 살고 있는 것이 아니다. 지금와서 출세해도 뻔한 일이다. 가치관의 축을 조금 바꾸면 세계는 넓게 펼쳐진다.「조기 기쁨 퇴직」으로 건강할 때에 다시 인생을 시작해보자. 삶의 보람을 창출. 샐러리맨으로 여생을 보내는 안정과 보증은 포기. 일종의 재편성일지는 몰라도 스스로 희망해서 그만둔다면 더이상 즐거운 제도는 없다. 현직에서 은퇴하여 새로운 세계로. 풍요로운 자연 속에서 자급자족의 전원생활을 누리는 것도 좋다.

리타이어 농민! 좋아하는 글이나 쓰면서 아내와 숲속에서 조용히 사는 것도 좋다. 리타이어 작가이다. 리타이어 도예가도 좋을 것 같다. 미용뷰티크에서 몸을 가꾸어 실버 모델이 되는 것은 또 어떤가. 시부야의 클럽에서 리타이어 DJ가 되도 좋을 것이다. 리타이어 감독이 되어 영화를 찍는 것도 좋다. 마음 먹기에 따라 무엇이든 할 수 있다. 기력과 체력이 있는 동안 적극적으로 리타이어한다. 도래할 고령화사회를 향해 여생을 즐겁게 살아보자.

　우리나라에도 자진 조기퇴직자가 늘었다. 이들에겐 물론 혜택이 주어진다. 선진국에서도 이미 정착돼 있는 제도다. 그런데 분명한 것은 이들이 그저 놀고 쉬기 위해 앞당겨 퇴직하는 게 아니라는 것이다. 더 늦기전에 무슨 일을 새로 해보려는 경우가 대부분이다. 인생황혼기의 제2 출발.

　그러려면 조기정년제 확산으로 배출되고 있는 조기퇴직자들이 풍부한 실무경험을 바탕으로 새로운 일을 시작할 수 있는 재교육의 기회가 우선 확대돼야 한다. 미국의 '인력개발화 훈련을 위한 법률'이나 일본의 '중고령자 고용촉진에 관한 특별조치법' 등과 같은 법적 장치가 마련되어야 할 시점이다.

　자식을 키우고 난 후 귀향하여 전원생활을 즐기는 사람들이 없는 것은 아니나 문제는 단순한 휴식이나 좌절감으로 살지 않도록 해야 한다. 전체인구 가운데 고령자가 2000년에는 15%로 증가해 우리나라도 노령사회로 접어든다. 「젊은노년」이 조기 기쁨 퇴직으로 빛을 발하기 위해서 이들의 적극적인 삶을 중재해줄 인력시장이 새롭게 등장할 지도 모른다. 실버센타와 같이 사회의 여러 가지 부문들이 실버라는 이름으로 새롭게 부각될 수도 있다. 고령자 아파트(Silver Apart.), 실버전원농장, 실버마트, 노인과 전문병원(Silver Hospital)을 이제 손쉽게 찾을 수 있는 날이 멀지 않았다.

선택
삶의 보람

현직에서의 인정과 보증
포기

연금이민

年金移民

정년퇴직 후에는 호주로 이민가서 여생을 살아보겠다는 사람들이 많았던 시기가 있었다. 유럽에 가기 보다 돈이 적게 들고 위생환경도 그만하면 괜찮고 무엇보다 따뜻하기 때문이다. 그래도 최근에는 동남아시아의 생활수준이나 위생환경, 의료환경이 향상되어 퇴직후에는 따뜻한 동남아시아에서 살기를 희망하는 사람들이 늘어나고 있다.

또한 최근에는 많은 기업이 도입하고 있는 조기퇴직 대우제도로 퇴직을 선택하는 사람들 사이에서는 아시아 이민이 적극적으로 검토되고 있다. 연금과 기업에서의 지원금만으로는 국내 생활이 불안하지만, 물가가 싼 동남아시아에서 생활한다면 가능한 일이다. 게다가 동남아시아에서는 자신의 사업상 지식과 기술을 살린 경영이나 업무지원같은 일도 할 수 있으므로 굳이 일본을 버리고 아시아로 이민하려는 사람도 많다. 제2차 세계대전 전에, 브라질과 하와이로 많은 일본인이 농민이민한 것과 마찬가지로 아시아로 기술이민이나 노하우 이민을 전개한다는 것이다.

기업에 매이기를 싫어하는 탈샐러리맨이라면 국내에서 패션전문점이나 음식점을 경영하는 것이 지금까지의 정석이었다. 앞으로의 탈샐러리맨은 일본에 얽매이지 않은 「탈일본」이며 일본경제에 속박되지 않는 「탈엔화」라는 경향이 점점 심화될 것이다. 아시아 각지에 탈일본(脫日本), 탈엔화(脫円貨) 이민족의 네트워크가 점점 확산될 것이다.

우리나라에서도 중년의 이민이 늘고 있다. 조기퇴직하는 40 ~50대 가운데에는 제2의 인생에 대한 대안으로 해외이민에 눈을 돌리기 시작한 것이다. 이유는 여러 가지가 있다. 한 경제단체에 근무하는 김모부장(51세)은 몇 년 전부터 임원승진을 기대하기 어려울 것이라는 판단을 한 후 퇴직이후의 삶에 대한 그림을 여러 가지로 그려보았다. 재산이야 아파트 한 채밖에 없지만 퇴직금을 합하면 투자이민에 필요한 자금을 마련할 수 있다는 계산에 이민을 적극적으로 생각하게 되었다. 아직 정년이 남아있지만 명예퇴직을 하면 퇴직금도 적지 않을 것이라는 판단이 이러한 생각을 더욱 이민쪽으로 기울게 한 것이다. 이러한 예는 많이 찾아볼 수 있다. 늦게 교직생활을 시작한 이모씨(59세)의 경우에도 정년이 6년이나 남아있으나 만년 주임교사로 정년을 맞기 싫어 과감히 사표를 던지고 이민을 결심한 케이스다.

아직까지 해외이민은 도전력과 성취력을 토대로 제2의 인생을 개척하려는 30대 후반과 40대 초반의 청장년층이 주류를 이루고 있지만 40대 후반과 50대의 중년층에서도 이민 바람이 잔잔하게 불고 있다. 허옇게 센 머리카락을 휘날리며 이국 땅을 밟는 「그레이 이민」이라고 할 수 있다. 대규모 자본을 앞세운 가격파괴점 등 대형업체에 눌려 소규모 자영업을 경영하기가 어려워진 퇴직자들은 캐나다, 뉴질랜드 등 사회보장이 잘되고 생활환경도 좋은 국가에서 편안히 노후생활을 할 수 있는 투자이민을 선호하고 있다. 최근에 해외유학생이 급증하고 있는 것도 중장년층의 이민증가의 한 요인으로 꼽힌다. 자녀를 유학보낸 중년층 가운데 퇴직후 자녀를 따라 아예 이민을 가려는 사람들도 많아지고 있다. 물론 이민에 문제점이 없는 것은 아니다. 아시아 이민이 많은 뉴질랜드는 영어시험과 이민부담금 등 새롭게 이민규칙을 개정하는 등 무절제한 이민에 제동을 걸고있다. 아직 이민자들의 언어장벽 및 도피처 개념의 이민이 존재하고 있으나 또다른 차원의 세계경영으로 긍정적인 면을 찾아 볼 수도 있으리라.

선·택

본인의 편안함

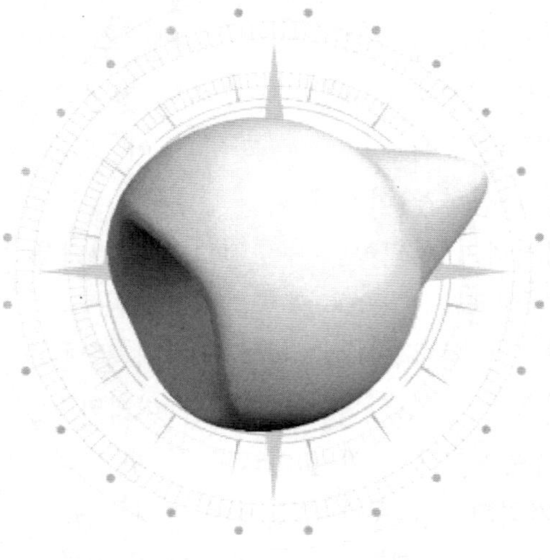

회사에서의 체면

포·기

두 마리 토끼 학습법

두 마리 토끼 학습법

학습은 진지하게 차근차근해 나가야 한다. 이러한 생각이 사라지고 있다. 성실함을 버리고 두마리 토끼를 쫓는다. 이는 폭넓고 유연한 학습방법을 선택한 것이며 즐거움을 축으로 학습하는 것이기도 하다.

영어를 모국어로 사용하는 사람이 여는 요리교실에서는 그다지 어학이 뛰어나지 않은 사람도 강사의 손동작을 보고 이해를 할 수 있다. 그러는 사이에 청취력도 늘게 된다. 수줍어 하는 학생도 요리라는 화제가 명확하므로 이야기를 진전시켜 나가기 쉽다. 또한 영어로 설명하는 일본문화강좌는 재일(在日) 외국인에게 호평을 얻는 동시에 일본인에게도 자기문화를 객관적으로 바라볼 수 있고 영어를 공부할 수 있는 찬스가 된다.

최근에는 인터넷 이중학습법도 주목할 만하다. 해외 네티즌과 정보를 교환하고 있는 사이에 PC에 관한 지식도 늘고 영어의 읽기와 쓰기 능력도 능숙해진다. 전문학교가 모여 인터넷상의 가상강좌를 만드려는 움직임도 있는데 이는 더블스쿨이라 불리는 일종의 이중학습 발전형이 될 수 있다. 대학에 다니면서 전문학교에도 다닌다. 물리적으로 학교간을 왕복하는 것이 아니라 자택에서 대학 리포트를 다 쓴 후 전문적인 강좌를 배운다는 이중학습의 형태가 가능한 것이다. 옛날부터 어학습득을 가장 빨리 마스터하려면 그 나라 사람과 연애를 해야 한다고 했다. 이제는 이중학습의 고전이라고 할 수 있겠다.

"인터넷의 바다에 빠뜨려라!" 요즘 인구에 회자되고 있는 이야기이다. 세계화의 핵심은 외국어 능력과 정보마인드의 제고에 있다. 바로 이러한 것의 전형이 KidNet운동('어린이에게 인터넷을')이다. 어린이에게 인터넷을 가르치고 이용토록 해서 다가올 정보화 사회에 대비하고 외국어도 자연스레 익혀 주자는 운동이다. 두마리 토끼를 잡기위한 노력이라고나 할까? 미국에서도 한국판 키드넷이라 할 만한 NetDay 96이 한창 진행중이다. 그들은 이것이 미국의 교육개념을 근본적으로 재정립하는「교육혁명」의 계기가 될 것이라고 본다.

우선 지식의 개념이 달라지고 있다. 지금까지는 많이 아는 사람이 똑똑한 사람으로 인식돼 지식의 축적이 강조됐다. 그러나 인터넷 시대에는 단순한 지식축적의 차원을 뛰어넘어 어떤 정보가 어디에 있고, 그것을 어떻게 수집/가공해서 얼마나 잘 활용할 줄 아느냐가 지식인의 기준이 된다. 따라서 앞으로의 수업방식은 학생들에게 정보를 찾아 가공하는 방법을 가르치는 방향으로 전환될 것이며 탐구/조사/연구영역 또는 전세계가 학습의 대상이 된다. 학생들은「정보의 바다」를 헤엄쳐 다니면서 스스로 지식을 습득하는 시대가 되고 있다. 이를 통한 학습동기를 스스로 만들어 훨씬 더 능동적으로 수업을 받을 수가 있다. 과거의 일방향적 교육이 쌍방향으로 바뀌고 있는 것이다.

인터넷이 어떻게 세상을 바꿀지는 인터넷을 이용해 본 사람이면 다 안다. 물론 영어를 잘 알아야 하겠지만 모르는 가운데

데 하나의 습관이 형성되고 자연스레 영어학습에 대한 욕구가 생길 것이다. 어릴 때부터 다른 언어와 문화에 접할 기회가 많을수록 「지구촌 지식인」으로 성장할 가능성이 높다. 이제 학습은 진지한 것으로 남아있지 않고 재미가 된다. 개성시대의 개성학습법…. 일물일가(一物一價)시대가 이제 일물다가(一物多價) 시대가 된 것처럼 인물다가(人物多價) 시대에 맞춘 다중학습법(多重學習法)의 시대에 한 마리만의 토끼를 잡을 수는 없다. 아마 현대는 레오나르도 다빈치형의 인간을 요구하는지도 모른다.

선·택
폭 넓은 학습의 유연함

한가지 학습에 몰두하는 진지함
포·기

능력수출

能力輸出

　　시험삼아 해외로 이주하는 젊은이들이 늘어나기 시작했다. 외국은 문화도 틀리고 언어도 다르다.　물론 안정도 보장도 없다.　금전면에서 걱정이 되어도 그들의 눈은 반짝반짝 빛을 발하고 있다.　왜일까?　"지루한 일상에 불평을 하고 있기 보다는 한번 가능성이라는 문을 노크하여 세계로 날아보자.　그 편이 훨씬 충실한 인생이 될 것이다"라고 생각하기 때문이다. 야구선수 노모는 홀륭하게 능력수출한 사람이다.　일본에서의 생활을 버리고 바다를 건너가 세계적인 영웅이 되었다.　자기 자신에 승부를 걸어본다는 것은 멋있는 일이다.　용기와 결단,　잃는 것도 있겠지만 세계로 뛰쳐나가면 일본에서 얻을 수 없었던 삶의 보람과 체험을 얻을 수 있다.　작년에는 홍콩과 싱가폴 등 아시아로 취직하러 가는 젊은이가 많았다.　이를 위해 세미나도 계속 열렸다.　앞서 말한 대졸 주부도 그 중 한 케이스이다.

　　"남녀의 차별도 없고 결혼후의 퇴직도 강요받지 않는다. 실력사회니까"라고 생각하는 여성들.　어디까지나 일본에서 도피하는 것이 아니다.　'해외에서 일하고 생활한다'는 잡지 특집에서는 어떤 젊은이나 모두 진지하게 보인다.　중장년층도 개발도상국이라면 노하우를 살리며 살 수 있다. 「능력수출」을 하면서 동시에 일본에 없는 특수한 기술을 배워 귀국하여 새로운 분야의 프로로 활약하는 「능력 역수입」을 해보는 것도 유행할 지 모른다.　금년은 과감히 세계로 나가 활약해 보는 것이 어떨까.

자신의 능력을 당당하게 인정받고 싶은 것은 누구나 소망하는 일이다. 글로벌화의 진전에 따라 한국에서도 역시 세계무대로의 발걸음이 폭넓게 이어지고 있다. 국보급 투수로 불리던 선동렬 선수의 일본행은 자신의 능력을 인정받은 사례로서 국민적 열망으로 그의 해외진출은 급속히 이루어졌다.

저급 노동력의 해외진출이 아닌 자신의 능력과 명성을 통한 능력수출은 시대가 요구하는 과제라고 볼 수 있다. 국제화 시대의 한국위상에 걸맞게 이러한 일면들은 스포츠계, 바둑계, 음악계 등 다양한 방면에서 급진전되고 있다. 이들의 활약은 「한국에서 만든 제품(Product of Made in Korea)」이라는 느낌을 초월해서 「한국에서 만든 제품(Product of Made in Korea)」이 주는 질감(質感)으로 우리의 자부심을 높여준다.

일본의 노모 선수가 더 이상 이런 선수는 없다(No More)하여 일본인들에게 능력수출의 전형을 보여준 것처럼 선동렬 선수가 주는 기대와 자부심은 한국인에게 태양(Sun : 선동렬의 애칭)과 같은 큰 인상을 줄지도 모른다.

한편 더 넓은 무대에서 자신의 능력을 펼치고자 했던 해외유학의 물결 등 「능력수출」은 이제 해외에서 가공되어 「능력수입」으로 전환되는 현상이 일어나고 있다. 「세계의 현지화와 국내의 세계화」라는 국내기업들의 생존전략이 이러한 현상을 부채질하고 있다. 해외인력 채용 박람회나 인터넷을 통한 우수인력의 수급정책은 한낱 공상이 아니다. 유학생이나 교포들이 아무리 고학력자라도 소수민족에 대한 차별이 엄존하는 외국보다 국내기업에 눈길을 쏟는 것은 당연한 일이다. 더구나 국내의 여건이 외국 못지 않게 된 것도 한 원인이라고 할 수 있다.

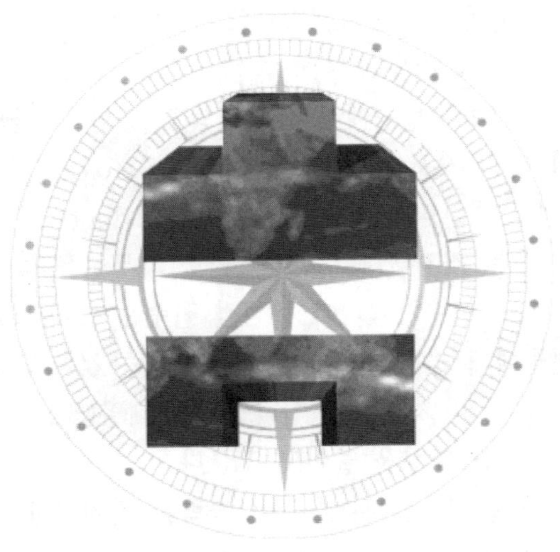

글을 맺으며

　요즘처럼 시대와 세대를 구분하는 다양한 말들이 유행하는 때도 없을 것이다. 현시대를 살아가는 사람들의 모습들은 여러 측면에서 보석의 가공된 면처럼 다양하게 빛을 발한다. 90년대 이후 우리의 귀에 익숙한 미시족, 신세대, X세대, 네티즌, 배꼽티, 유니섹스, 오렌지족 등의 용어는 이러한 말들이 비단 한정된 개념임에도 불구하고 사람들의 의식변화를 대변해주고 인식의 지평을 확대시키는데 지대한 공헌을 해왔다. 동시대의 사람들이 어떤 생각을 가지고 어떻게 행동하고 있는가 하는 문제는 더불어 살아가는 인간사회의 영원한 테마라고 할 수 있다.

　새로운 세기의 전환점에 서있는 요즘은 특히 이러한 경향이 강하다고 할 수 있다. 또한 시간과 공간의 확장을 통한 정보의 획득이 용이해진 시대에는 과거와는 다른, 사람들의 행동양식과 소비행동 등이 중요한 변별력을 가진 요소로 부각되고 있다. 이제는 흔히 노하우(Know-how)보다는 노웨어(Know-where)가 중요해진 시대라고 말한다. 정보는 어디까지나 소유가 아닌 활용을 전제로 한 자산으로 인식되고 있다. 많은 정보보다는 시간적·경제적 효율성을 가진 정보의 활용이 중요해지고 있는 것이다. 이러한 변화에 발맞추듯 서점가에는 미래예측서나 트렌드분석서, 라이프스타일 서적들이 붐을 이루고 있다. 소위 '트렌드'서적이 트렌드를 이루고 있다해도 과언이 아니다.

　　이번 제일기획 마케팅연구소에서 편역한 「포기와 선택의 생활미학」은 일종의 트렌드분석서라고 할 수 있다. 이 책에서 분석하고 있는 일반적 경향의 근간을 이루고 있는 근본적인 문제제기는 평탄한 사회 즉, 거품경제가 무너지고 난 이후의 사회모습이다. 96년에 들어서 한국에서도 거품제거가 핫이슈로 떠오르고 있다. 국제수지 악화와 물가의 불안 등 경영악화 요인에 대기업들은 저마다 현실적인 경영합리화에 몰두하고 있고 특히 의식의 거품을 제거하는데 주력하고 있다.

　　생활의 영역이 더 이상 확대될 수 없는 시대에는 사람들의 의식도 이에 따라 변하게 되는 것이 당연하다. 물론 자신이 누려왔던 생활상의 기득권을 쉽사리 포기한다는 것은 어려운 일이다. 대신 사람들은 좀 더 합리적이고 효율적인 방법으로 생활방식을 바꾸려고 한다. 의식의 변화는 행동의 변화를 가져오고 행동의 변화는 다시 의식의 변화를 이끄는 것이다. 이 책은 이러한 변화의 경향들을 생활전반에서 폭넓게 이끌어내어 알기쉽게 설명해 준다. 우리가 평소 감으로 느껴오던 것들을 분석과 이해의 차원에서 체계화했다고 할까? 이러한 측면을 염두에 둔다면 독자는 이 책을 통해 사회변화속에서 새롭게 변하고 있는 의식과 행동변화의 트렌드를 파악할 수 있을 것이다.

　　라이프스타일(Life Style)은 삶의 과정속에서 마주치는 각종 문제를 받아들이고 반응하며 생활해 나가는 방법이라고도 할 수 있다. 애초에 이 책을 발간하게 된 배경은 라이프스타일 혹은 사회저변에 나타나는 생활트렌드의 파악이 의사결정자(소비주체인 일반소비자 포함)들에게 상당한 통찰력과 정보를 제공해 줄 수 있다고 판단되었기 때문이다. 제일기획과 제휴관계에 있는 일본의 세계적 광고대행사인 博報堂의 生活總合硏究所에서 발간된 이 책의 原著인 「돌출한다-평탄사회의 신만족」은 이러한 시대적 변화의 흐름을 명쾌하게 파악하고 있었다. 경제가 하강국면을 걷고있는 현재의 한국상황에도 어느 정도 부합하고 중요한 실마리를 제공해 줄 것으로 기대한다. 原著에 실린 소제목들은 기본적 가정하에서 이끌어 낸 독특한 의미를 담고 있었다. 그러나 이중적인 의미를 담고 있는 많은 부분들이 우리글로 바꾸어 놓았을 때 의미전달이 쉽게 와닿지 않아 많은 부분들을 기본적 의미를 벗어나지 않는 방향에서 참신하게 바꾸기도 하였다. 또한 이 책을 번역서가 아니고 편역서로 기획한 것은 단순한 일본상황을 전달하기 보다는 좀 더 우리상황에 맞게 조명해 보겠다는 의도에서였다. 물론 내용상 한계를 인정하지 않을 수 없다. 차후에 이런 기획이 다시 시도된다면 실제로 한국적인 맥락에서 우리의 시각으로 내용이 채워질 수 있으리라 기대해 본다.

트렌드라는 것은 무를 자르듯 정확히 분석되고 이해될 수 없다. 그러나 무엇보다도 중요한 점은 사람들의 의식변화의 흐름이다. 사람들의 라이프스타일(의식과 행동변화)은 결코 고정적인 것이 아니고 조금씩, 때로는 급격히 변한다. 과거에서 미래로 이어지는, 사람과 그 삶의 모습은 현재라는 매개체를 통해 정확히 이해되고 정보화 된다. 이 책을 통해 현재를 다시 살펴보면서 미래의 삶에 대한 좀 더 나은 확신을 가질 수 있게되기를 바라는 마음이다.

끝으로 이 책은 제일기획 마케팅연구소 이구찌 하루히로(井口晴弘)고문의 도움에 힘입어 나올 수 있었다. 우리에게 原著를 소개해 주었고 지난 30여년간 일본에서의 마케팅 경험을 통해 단순한 정보의 획득이 아닌 가공과 활용의 의미를 일깨워 주었다. 이 자리를 빌어 이구찌 고문께 깊이 감사의 뜻을 전한다. 아울러 번역상의 작은 부분까지 많은 도움을 준 최연정씨에게도 말없는 고마움을 표한다.

1996. 7.
(주) 제일기획 마케팅연구소

<주요 편역자 소개>

· 이구찌 하루히로 (井口晴弘)
1940년 1월21일생
1965년 4월 (주)博報堂 입사, 마케팅, 영업 담당
- NEC, 칼피스 식품공업 등 약 50사의 마케팅 및
  컨설팅
- JAAA(일본 광고업협회) 현상논문 은상 수상
- '다변량 해석과 컴퓨터 프로그램' (일간 공업신
  문사) 외 저서 다수
1995년 3월 (주)제일기획 고문역으로 부임

· 이종성
연세대 경영학과 대학원 졸업
현 제일기획 마케팅연구소 선임 연구원
- 소비자 조사, 광고효과 조사, 전략모델 개발업무

· 황인호
연세대 신문방송학과 대학원 졸업
현 제일기획 마케팅연구소 연구원
- 한국인 라이프스타일 유형 분석 및 광고효과
  연구

· 권성은
연세대 신문방송학과 대학원 졸업
현 제일기획 마케팅연구소 연구원
- 소비자 조사, 시장세분화 및 광고기법 연구

※편역자와의 합의로 인지생략

포기와 선택의 생활미학

저　　자　　하쿠호도 생활종합연구소
편 역 자　　제일기획 마케팅연구소
발 행 자　　권 세 문
발 행 처　　도서출판 연암사
　　　　　　서울특별시 강남구 신사동 596번지
　　　　　　청오빌딩 201호　(우)135 - 120
　　　　　　전화 : (02)548 - 0876
　　　　　　팩스 : (02)546 - 0775
등　　록　　1996년 3월 25일 제16 - 1283호
• 1996년 8월 5일 초판인쇄
• 1996년 8월 16일 초판1쇄발행

• 값 6,000원

ISBN 89-86938-01-4　03300